25 maneiras de valorizar as pessoas

John C. Maxwell
& Les Parrott, Ph.D.

25 maneiras de valorizar as pessoas

Como fazer todos à sua volta se sentirem especiais

Sextante

Título original:
25 Ways to Win with People

tradução
Fabiano Morais

preparo de originais
Virginie Leite

revisão
Sônia Peçanha e Tereza da Rocha

projeto gráfico e diagramação
DTPhoenix Editorial

capa
Raul Fernandes

pré-impressão
ô de casa

impressão e acabamento
Bartira Gráfica e Editora S/A.

CIP-BRASIL. CATALOGAÇÃO-NA-FONTE
SINDICATO NACIONAL DOS EDITORES DE LIVROS, RJ

M419v Maxwell, John C., 1947-
25 maneiras de valorizar as pessoas: como fazer todos à sua volta se sentirem especiais / John C. Maxwell e Les Parrott; tradução de Fabiano Morais. – Rio de Janeiro: Sextante, 2007.

Tradução de: 25 ways to win with people
ISBN 978-85-7542-298-4

1. Relações humanas – Aspectos religiosos – Cristianismo. 2. Comunicação interpessoal – Aspectos religiosos – Cristianismo. 3. Relações humanas. 4. Comunicação interpessoal. I. Parrot, Les, 1961-. II. Título.

07-1315 CDD 158.2
CDU 159.9:316.47

Rua Voluntários da Pátria, 45 – Gr. 1.404 – Botafogo
22270-000 – Rio de Janeiro – RJ
Tel.: (21) 2286-9944 – Fax: (21) 2286-9244
E-mail: atendimento@esextante.com.br
www.sextante.com.br

Para Tom Mullins,

Você é como o Flautista de Hamelin. Quando chega, todos querem segui-lo. Mais do que qualquer outra pessoa que eu conheça, você personifica as 25 maneiras de valorizar as pessoas. Você faz todos ao seu redor se sentirem valorizados – inclusive eu!

– John C. Maxwell

Para Mike Ingram e Monty Ortman,

Poucas pessoas formam uma equipe de profissionais melhor, conquistam mais respeito e alcançam resultados mais satisfatórios do que vocês dois. Vocês têm um modo único de se relacionar com todos que conhecem. Seus espíritos generosos e investimento nos outros darão lucro por décadas. Sou uma pessoa melhor por tê-los conhecido.

– Les Parrott

Obrigado a Charlie Wetzel
por nos ajudar a escrever este livro.

Sumário

A maior alegria da vida

POR JOHN C. MAXWELL

Na primavera de 2004, logo depois que entreguei o manuscrito final de *Vencendo com as pessoas*, o editor, como de praxe, enviou algumas cópias não revisadas do livro para um seleto grupo, a fim de obter recomendações. Uma dessas pessoas era Les Parrott – professor de psicologia na Seattle Pacific University, fundador do Centro para Desenvolvimento de Relacionamentos, palestrante para empresas da *Fortune 500* e autor de sucesso.

Alguns meses depois, Les me telefonou.

– John, adorei seu livro – ele disse. – Acredito que ajudará um monte de gente. Com certeza, servirá de motivação para as pessoas mudarem de atitude e passarem a ver seus relacionamentos sob um novo prisma. Mas gostaria de fazer uma sugestão: acho que você deveria escrever uma continuação.

Fiquei um pouco cético, pois havia colocado todo o meu coração e uma vida de aprendizado naquele trabalho.

– O que você sugere? – perguntei.

– Durante anos, observei a maneira como você trata as pessoas – Les prosseguiu. – Quando está com elas, você faz com que se sintam especiais. Você sempre fez com que *eu* me sentisse importante, valorizado. Aposto que há uma dúzia de coisas específicas que você pode ensinar aos outros.

Então Les começou a listar algumas das lições que eu deveria incluir no novo livro. Quanto mais pensava, mais gostava da idéia. *Vencendo com as pessoas* foi escrito para mudar a maneira como encaramos os relacionamentos. Mas implementar suas propostas poderia levar um bom tempo. Por outro lado, o livro que Les estava sugerindo visava ajudar as pessoas a aprender habilidades específicas que poderiam ser dominadas em poucos dias.

– Sabe de uma coisa? É uma ótima idéia – falei depois de uma longa pausa. – Por que você não escreve comigo?

Les ficou surpreso.

– Acho que faremos uma grande dupla – comentei. – Você mesmo disse que me observou por anos. E você é psicólogo. Vamos pensar juntos sobre quais habilidades devemos escrever. Vou lhe mostrar como eu lido com as pessoas, e você pode ajudá-las a entender a psicologia por trás das minhas atitudes.

E foi assim que *25 maneiras de valorizar as pessoas* nasceu. Les e eu nos divertimos muito comparando anotações, conversando sobre relacionamentos e compartilhando experiências. A única ressalva é que Les insistiu em contar muitas histórias sobre mim. Não sou nem de longe tão bom quanto ele me faz parecer. Como qualquer um, já fiz muitas besteiras, fui insensível e feri sentimentos. Mas sempre tentei dar o meu melhor. E ainda me esforço diariamente para aprimorar minhas relações pessoais e profissionais.

Les e eu acreditamos que, se você colocar em prática as dicas contidas neste livro, sua vida vai mudar. Por quê? Porque você será capaz de ajudar os outros a se verem sob uma ótica positiva, fazendo assim com que se sintam importantes.

Acredito que não existe maior alegria na vida do que ver o próximo prosperar, crescer e atingir seu potencial. Este livro pode ajudá-lo a tornar isso realidade.

Uma qualidade invisível

POR LES PARROTT

Algumas pessoas possuem uma qualidade invisível que atrai os outros como um ímã. Elas são mais que simpáticas. O carisma determina tudo o que fazem e marca cada encontro em suas vidas. Por isso, formam equipes melhores, conquistam mais respeito e alcançam resultados mais satisfatórios. Será que elas são simplesmente sortudas, abençoadas com um dom natural que implica sucesso sem esforço? De maneira alguma!

Esse traço sedutor e invisível é mais aprimorado do que herdado: o comportamento cativante pode ser ensinado e aprendido. Infelizmente, muitas pessoas deixaram de cultivar essa qualidade pela falsa impressão de que ou se tem algo mais ou não. Este livro pretende modificar esse conceito equivocado. Aqui você encontrará 25 chaves para liberar seu carisma – e isso irá ajudá-lo a se relacionar bem com a maioria das pessoas que cruzarem seu caminho.

Os 25 princípios que incluímos neste livro têm o potencial de mudar sua vida. Eles podem ajudá-lo a se tornar o tipo de pessoa que ilumina o ambiente com a sua chegada. São habilidades que podem ser aprendidas com facilidade. Não são dádivas exclusivas de alguns felizardos. Estão ao alcance de todos que as desejarem. E são cruciais para aqueles que querem conquistar os outros.

1

COMECE POR VOCÊ

Seus relacionamentos só podem ser tão saudáveis quanto você.
NEIL CLARK WARREN

LES: COMEÇANDO POR VOCÊ MESMO

Se deseja se relacionar bem com os outros, você precisa ser uma pessoa de bem com a vida. Ou, no mínimo, estar no caminho que leva à realização e à felicidade. Não dá para negar isso.

Como psicólogo especializado em relacionamentos, acompanhei centenas de pessoas em terapia, falei para milhares em seminários e escrevi mais de uma dúzia de livros sobre o assunto. Todos sabem que tenho paixão por ajudar os outros a construir relações saudáveis. E posso garantir uma coisa: qualquer nova dica ou técnica vai cair por terra se você não começar por si mesmo.

Se tentar praticar as "maneiras" de valorizar as pessoas antes de analisar como você pode se tornar alguém melhor, vai se decepcionar. Mas, ao se concentrar primeiro em você, logo estará pronto para se voltar para os outros.

É PRECISO COMEÇAR POR VOCÊ MESMO

William James, o primeiro psicólogo americano, disse: "O inferno que deveremos suportar na outra vida, do qual nos fala a teologia, não é pior do que o inferno que criamos para nós mesmos neste mundo ao moldarmos nossa personalidade da maneira errada." Se não construirmos uma personalidade saudável, com certeza enfrentaremos problemas com os outros. Na verdade, existem pelo menos dois motivos incontestáveis pelos quais um bom relacionamento depende primeiro de nós mesmos.

Não se pode ser feliz sem ser saudável

Os psicólogos costumavam pensar que era essencial se concentrar nas emoções negativas – e então eliminá-las. Sabemos hoje que existe um jeito melhor de buscar a felicidade. Uma nova geração de pesquisas mudou o foco da psicologia, deslocando-o do sofrimento para a compreensão do bem-estar.

Estudos modernos revelam que não basta estar livre de depressão, estresse ou ansiedade. Não – você não pode ser feliz a menos que seja saudável. E ser saudável não significa simplesmente não estar doente. A saúde emocional é mais do que a ausência de disfunções emocionais. Ela é fundamental para que você possa se relacionar bem com as pessoas.

Você não pode dar o que não tem

Um dos mais antigos conceitos psicológicos do mundo é que você não pode dar o que não tem. Na verdade, como qualquer psicólogo em treinamento, quando comecei minha formação, fui incentivado a fazer psicoterapia. "Les", disse meu orientador, "como psicólogo, você só vai conseguir levar uma pessoa até onde você mesmo tenha ido." Por quê? Porque você não pode dar o que não tem. Não pode ter prazer com os outros enquanto não tiver prazer consigo mesmo.

Harry Firestone disse: "Você obtém o melhor dos outros quando dá o melhor de si." É verdade. Porém, se o seu melhor não for melhor do que o que os "outros" possuem, você jamais irá levá-los além de onde estão.

Ou seja, se você não é feliz e bem-sucedido, será quase impossível se relacionar bem com as pessoas. Mas eis a boa notícia: seu desejo e suas tentativas de estabelecer relações saudáveis vão ajudá-lo a se transformar numa pessoa feliz e bem-sucedida. Era isso o que o ensaísta americano Charles Warner queria transmitir quando afirmou: "Ninguém pode tentar sinceramente ajudar o próximo sem ajudar a si próprio."

Como ser bem-sucedido

"Há um período na vida no qual absorvemos um conhecimento de nós mesmos", disse Pearl Bailey, "e ele se torna bom ou amargo dentro de nós." Todos nós temos pequenas ansiedades e inseguranças. Se eu lhe pedisse para descrever uma pessoa bem-sucedida, feliz e saudável, talvez você dissesse que ela é confiante, afetuosa, gentil, estável, generosa e assim por diante. E, por um lado, você estaria certo. Mas ser bem-sucedido exige mais do que uma lista de atributos invejáveis. No final das contas, o que realmente importa é o seu valor.

Pessoas bem-sucedidas são valiosas. Veja o exemplo dos astros dos esportes com seus contratos de patrocínio multimilionários. Porém, verdade seja dita, ser bem-sucedido, no sentido mais puro da palavra, não tem nada a ver com desempenho, salário ou poder aquisitivo. Tem a ver com o seu valor – e se você o *reconhece* ou não. Quando compreende seu valor pessoal, quando se sente seguro de quem é, então você se torna uma pessoa bem-sucedida.

Eis algumas maneiras de fazer isso:

RECONHEÇA SEU VALOR. Certa vez, eu estava dividindo o palco com meu amigo Gary Smalley num seminário, e ele fez algo que cativou a multidão. Diante de uma platéia de quase 10 mil pessoas, Gary mostrou uma nota novinha de 50 dólares e perguntou:

– Quem quer esta nota?

Mãos começaram a se levantar em todo canto.

– Vou dar esta nota para um de vocês, mas antes vou fazer uma coisa – ele amassou a nota, perguntando em seguida: – Alguém ainda a quer?

As mesmas mãos se levantaram.

– Bem – ele prosseguiu –, e se eu fizer isso? – Jogou a nota no chão e começou a pisoteá-la. Depois, pegou-a, toda amarrotada e suja. – E agora, quem ainda quer a nota?

Novamente, as mãos se ergueram.

– Todos vocês aprenderam uma importante lição – falou Gary. – Não importa o que eu faça com o dinheiro, vocês vão querê-lo, porque isso não diminui o valor dele. Ainda vale 50 dólares.

A demonstração de Gary toca num ponto crucial. Muitas vezes na vida nós caímos por causa de decisões que tomamos ou somos derrubados, esmagados e pisoteados por circunstâncias que fogem ao nosso controle. Podemos nos sentir diminuídos e até mesmo desprezíveis aos nossos próprios olhos e aos dos outros. Porém, não importa o que aconteceu ou o que vai acontecer, *jamais* perdemos nosso valor como seres humanos. Nada pode nos tirar isso. Nunca se esqueça dessa lição.

ACEITE SEU VALOR. Você já deve ter ouvido inúmeras vezes as pessoas comentarem: "Ih, fulano é todo enrolado." O que elas querem dizer com isso? Que fulano não é emocionalmente saudável. Ele vive preocupado e não consegue encontrar saída para seus problemas. Está desconfortável consigo mesmo. É isso o que nós psicólogos queremos dizer quando falamos de auto-aceitação.

Vamos encarar a verdade. Não existe um ser humano na face da Terra que não tenha inseguranças e problemas em relação a si mesmo que gostaria de mudar. Mas nem tudo pode ser mudado. Certas coisas em nós *são assim*. Talvez você não tenha nascido com a aparência que gostaria de ter. Seus genes lhe deram determinadas características que você precisa aceitar – se não fizer isso, estará rejeitando seu valor pessoal e passará a vida tentando compensar suas inseguranças. E viverá obcecado com o fato de não ter conseguido algo melhor.

Originalmente, um dos significados de *aceitação* é "tomar para si". Em outras palavras, aceitar os demais implica aceitar a si mesmo.

AUMENTE SEU VALOR. Talvez você já reconheça e aceite o seu valor. Talvez saiba no fundo da sua alma que é amado por Deus e que seu valor é inestimável. Parabéns! O próximo passo é aumentar seu valor resolvendo a maior quantidade de problemas pessoais que conseguir. Em outras palavras, é necessário maximizar quem você é, superando ou corrigindo o que estiver ao seu alcance.

Talvez você precise lutar contra um temperamento explosivo, por exemplo. Talvez tenha dificuldade de impor limites ou assumir responsabilidades. Talvez cultive alguns maus hábitos ou deva repensar sua atitude. Todos enfrentamos obstáculos que podemos superar. Quarenta e cinco por cento dos americanos dizem que mudariam um mau hábito se pudessem.[1] A verdade é que eles podem. Cada um de nós pode melhorar quando quiser.

Em seu livro *Ensinando o elefante a dançar: como estimular mudanças em sua empresa*, James Belasco descreve como os treinadores ensinam elefantes jovens a ficar em seu lugar prendendo-os com grossas correntes a estacas bem cravadas no chão. Elefantes mais velhos e fortes que foram treinados dessa forma jamais tentam fugir – mesmo sendo capazes de arrancar a estaca e sair andando. O condicionamento deles limita seus movimentos. Eventualmente, com apenas um pequeno bracelete de metal solto nas pernas, os elefantes ficam no lugar – embora na realidade já não haja mais estacas.

Como esses elefantes, muitas pessoas estão presas pelas barreiras de condicionamentos passados. Elas impõem limites desnecessários ao seu progresso pessoal. Não deixe que isso aconteça com você. Não aceite passivamente as restrições às suas habilidades. Enfrente-as e continue crescendo.

ACREDITE NO SEU VALOR. Quando tiver reconhecido, aceitado e aumentado seu valor, você finalmente passará a acreditar nele. Mas precisa fazer isso com toda a convicção.

Chuck Wepner jamais aprendeu essa lição. Como boxeador, ganhou o apelido de "O Sangrador de Bayonne", por causa da maneira como era castigado no ringue mesmo quando vencia. No mundo do boxe, era o que chamam de *catcher*, um lutador que freqüentemente usa a cabeça para bloquear os socos do adversário. Wepner pressionava o oponente até ganhar ou ser nocauteado. Nunca se importou com a quantidade de socos que precisava absorver antes de dar o golpe de nocaute. O treinador Al Braverman dizia que Wepner era o pugilista mais corajoso que já conhecera: "Ele era único. Não ligava para a dor. Caso se cortasse ou levasse uma cotovelada, não pedia ajuda a mim ou ao juiz. Era um lutador no mais puro sentido da palavra."

Quando Wepner nocauteou Terry Henke no 11º round em Salt Lake City, o promotor de lutas Don King ofereceu-lhe a chance de disputar o título com George Foreman, então campeão dos pesos pesados. Mas quando Ali derrotou Foreman, Wepner se viu escalado para enfrentar "O Maior de Todos" – Muhammad Ali. Na manhã da luta, Wepner deu à mulher um négligé cor-de-rosa e disse que ela "logo estaria dormindo com o campeão mundial dos pesos pesados".

Ali venceu por nocaute técnico faltando apenas 19 segundos para o fim da luta. Mas houve um momento – um instante glorioso no nono round – em que Wepner derrubou o campeão com um golpe demolidor no peito. "Quando Ali estava na lona, lembro-me de ter dito ao meu treinador, Al Braverman: 'Ligue o carro, vamos para o banco, estamos milionários.' E Al falou para mim: 'É melhor se virar. Ele está se levantando'", conta o lutador.

Depois da derrota, a mulher de Wepner tirou o négligé da bolsa e perguntou: "Eu vou para o quarto de Ali ou ele vem para o meu?" Isso poderia ser apenas uma estranha nota de rodapé na história do boxe, exceto por um detalhe. Um roteirista iniciante estava assistindo à luta. E então, de repente, veio-lhe à cabeça: *É isso.* Ele foi para casa e escreveu por três dias sem parar. O roteirista era Sylvester Stallone. Nascia ali o filme *Rocky – Um lutador*, ganhador do Oscar.

O estúdio de cinema ofereceu a inédita soma de 400 mil dólares pelo roteiro, mas Stallone recusou. Ele fez uma contraproposta: ganharia apenas 20 mil dólares pelo roteiro, mas teria o direito de fazer o papel de Rocky pelo salário mínimo de um ator, a ninharia de 340 dólares por semana.

Como o filme era baseado na vida de Wepner, o estúdio também fez uma ótima oferta ao lutador. Ele tinha duas alternativas: poderia receber 70 mil dólares de uma vez ou 1% do lucro bruto do filme. Wepner não quis se arriscar e optou pelo dinheiro garantido. Ficou com os 70 mil, decisão que lhe custaria 8 milhões de dólares. Hoje, Chuck Wepner vive em Bayonne e trabalha como vendedor de bebidas.

É isso o que acontece quando você se vende barato. Se não acreditar que tem algo de grande valor para oferecer a outra pessoa – isto é, você mesmo –, jamais será bem-sucedido nos seus relacionamentos. O maior patrimônio que você possui é a pessoa que você é. E assim que reconhecer, aceitar e aumentar esse valioso bem, assim que acreditar nele, as maneiras de valorizar as pessoas contidas neste livro poderão se tornar parte da sua personalidade. E, se agir de coração, tudo funcionará como mágica.

John: Um momento de aconselhamento

Se o conhecesse pessoalmente, uma das primeiras coisas que diria é que acredito em você. Talvez você ache difícil engolir isso, já que nós nunca nos encontramos. Mas sei de uma coisa: todo mundo tem valor e algo valioso a oferecer ao próximo. Uma das minhas missões na vida é enxergar o que há de bom nas outras pessoas, ajudá-las a descobrir suas qualidades e incentivá-las a alcançar seu potencial. Você pode ser bem-sucedido e ajudar os outros a obter sucesso.

É por isso que quero dividir minhas experiências com você. Infelizmente, não poderemos conversar cara a cara, mas escrevi este livro com Les porque quero ajudá-lo. Em cada capítulo, estarei do seu lado para um momento de aconselhamento e para lhe ensinar uma maneira específica de fazer as outras pessoas se sentirem importantes e valorizadas. Quando terminarmos, sugiro que você busque um conselheiro de carne e osso, alguém que possa agregar valor à sua vida e lhe oferecer muitas lições adicionais.

Les: Colocando em prática

Cada capítulo deste livro é concluído com um pequeno texto sobre como implementar o que você leu. Ele se destina a ajudá-lo a colocar em prática o princípio abordado no capítulo. Esse pequeno resumo foi muito útil para mim. Espero que também seja para você.

PARA APLICAR OS ENSINAMENTOS DE JOHN À SUA VIDA...

Pare:
De fazer tudo o que deixa você inseguro.

Pergunte:
Como posso aumentar meu valor para beneficiar as outras pessoas e não só a mim mesmo?

Faça:
Liste as coisas que você pode melhorar (maus hábitos que devem ser abandonados, etc.), juntamente com os passos específicos para efetuar essas melhorias.

Lembre-se:
Seus relacionamentos só podem ser tão saudáveis quanto você.

2

PRATIQUE A REGRA DOS 30 SEGUNDOS

Aquele que espera para fazer várias boas ações de uma só vez nunca vai fazer nada.
SAMUEL JOHNSON

LES: APRESENTANDO O PRINCÍPIO

Uma das mais importantes lições de John sobre o que fazer para conquistar as pessoas é que, nos primeiros 30 segundos de conversa, você deve dizer algo encorajador.

John é mestre nisso. Recentemente, eu estava participando de uma reunião em uma de suas empresas. Ele entrou na sala e, em poucos minutos, disse palavras de incentivo a cada um de nós.

"David, fiquei sabendo que você se superou hoje de manhã naquela videoconferência."

"Larry, você está fazendo a empresa causar uma ótima impressão naquela consultoria em Denver. Obrigado."

"Kevin, acabei de ver os números de abril. Ninguém no mundo vê e agarra uma oportunidade como você."

"Les, estou feliz que tenha conseguido se juntar a nós hoje. Tenho certeza de que você vai acrescentar muito à discussão."

John agiu de maneira sincera e espontânea, e sua atitude não pareceu exigir esforço algum. Como eu estava tentando aprender mais sobre suas estratégias para estabelecer bons relacionamentos, depois da reunião pedi que me explicasse melhor o que tinha feito.

Foi quando ouvi pela primeira vez a expressão "a regra dos 30 segundos".

"Aprendi isso com meu pai", disse John. "Anos atrás, ele foi diretor de uma universidade. Nós costumávamos andar juntos pelo campus e lembro que papai parava várias vezes para conversar com os alunos e sempre tinha alguma palavra de incentivo para lhes dizer. Quando eu sentia vontade de reclamar, olhava para o rosto daqueles estudantes e percebia que meu pai havia semeado algo de bom neles." John me contou que hoje em dia seu pai colhe os frutos que plantou: muitos ex-alunos viajam de vários cantos do país só para vê-lo, o que é muito gratificante.

"Meu pai me ensinou grandes lições. Ele é um líder incrível", disse John. "Pratico a regra dos 30 segundos com todo mundo. Certa vez, alguém me disse o seguinte: 'Seja gentil... cada pessoa que você conhece está lutando sua própria batalha.' Todos precisam ouvir algo de bom, um elogio estimulante para despertar suas esperanças e seus sonhos. Não custa nada fazer isso, e o resultado é extremamente positivo."

John: Um momento de aconselhamento

Quando conhecemos alguém, normalmente fazemos de tudo para ser admirados. O segredo da regra dos 30 segundos é reverter essa prática. Ao se relacionar com outra pessoa, em vez de se concentrar em si mesmo, você deve fazer com que *ela* se sinta admirável.

Todos os dias antes de encontrar meus amigos, colegas de trabalho ou colaboradores, penso em palavras de incentivo para lhes dizer. Posso agradecer-lhes por algo que fizeram. Posso dar os parabéns por alguma conquista. Posso exaltar uma qualidade que possuam. Ou simplesmente elogiar sua aparência. A prática não é complicada, mas exige tempo, dedicação e disciplina. Por outro lado, o impacto positivo que produz nas pessoas é altamente recompensador.

Se quiser incentivar os outros praticando a regra dos 30 segundos, lembre-se do seguinte:

A regra dos 30 segundos oferece às pessoas o tratamento dos três "As"

Atenção, *afirmação* e *admiração* fazem qualquer um se sentir melhor. Da próxima vez que entrar em contato com uma pessoa, dê a ela atenção exclusiva durante os primeiros 30 segundos. Afirme o valor dela e demonstre sua admiração de alguma forma. Então observe o que vai acontecer. Você se surpreenderá com a reação positiva. E, se tiver problemas em manter o foco no outro em vez de em si mesmo, as palavras de William King podem ajudá-lo: "Um fofoqueiro é aquele que fala sobre outras pessoas. Um chato é aquele que fala sobre ele mesmo. E um interlocutor brilhante é aquele que fala sobre você."

A regra dos 30 segundos dá energia às pessoas

O psicólogo Henry H. Goddard conduziu um estudo sobre níveis de energia em crianças usando um instrumento chamado ergógrafo. As descobertas são fascinantes. Quando crianças cansadas recebiam um elogio, o ergógrafo indicava um aumento imediato de energia. Por outro lado, quando eram criticadas ou desmotivadas, o instrumento mostrava que a energia física delas despencava subitamente.

Talvez você já tenha descoberto isso intuitivamente. Quando alguém o elogia, seu nível de energia não sobe? E quando é criticado, o comentário não deixa você desanimado? As palavras têm grande poder.

Que tipo de ambiente você poderia criar se incentivasse sempre as pessoas? Você não estaria apenas motivando-as, mas também se tornaria um transmissor de energia. Ao vê-lo chegar, elas se iluminariam! Sua simples presença ajudaria a criar o tipo de ambiente que todos adoram.

A regra dos 30 segundos gera motivação

Vince Lombardi, o famoso técnico de futebol americano dos Green Bay Packers, era um temido disciplinador. Mas também um grande motivador. Um dia, deu uma bronca em um jogador que errou vários bloqueios durante o treino. Mais tarde, ao irromper no vestiário, o técnico o viu sentado diante de seu armário, cabisbaixo e abatido. Lombardi deu um tapinha no ombro dele e falou: "Um dia desses, você vai ser o melhor da liga na sua posição."

O jogador era Jerry Kramer, e ele diz que carregou essa idéia positiva de si mesmo por toda a carreira. "O incentivo de Lombardi teve um tremendo impacto em toda a minha vida", disse Kramer. Ele entrou para o Hall da Fama dos Green Bay Packers e se tornou membro da Equipe All-50-Year da NFL (National Football League).

Todos precisam de um estímulo de vez em quando. Usar a regra dos 30 segundos ajuda a motivar as pessoas a ser e fazer o seu melhor. Jamais subestime o poder das palavras de incentivo.

- Motivação ajuda as pessoas que sabem o que devem fazer... a fazê-lo!
- Motivação ajuda as pessoas que sabem quais compromissos devem assumir... a assumi-los!
- Motivação ajuda as pessoas que sabem quais hábitos devem abandonar... a abandoná-los!
- Motivação ajuda as pessoas que sabem qual caminho devem seguir... a segui-lo!

Motivação torna possível realizar o que você deve realizar.

Um dos grandes efeitos da regra dos 30 segundos é que ela também traz benefícios para quem a aplica. Não é possível ajudar o próximo sem ajudar a si mesmo. Benjamin Franklin compreendeu essa verdade e incentivou outras pessoas com ela. Em uma carta a John Paul Jones, Franklin escreveu:

> Daqui para a frente, se tiver a oportunidade de elogiar seus oficiais e amigos um pouco mais do que eles merecem, e assumir a responsabilidade por mais erros do que seria justo, isso servirá para transformá-lo mais rapidamente em um grande capitão. Criticar e censurar quase todos os seus pares irá diminuir o número de amigos, aumentar o de inimigos e, por conseguinte, prejudicar suas tarefas.

Se quiser que os outros se sintam bem consigo mesmos e felizes sempre que o virem, pratique a regra dos 30 segundos. Lembre-se: aqueles que nos valorizam nos atraem. Aqueles que nos diminuem nos afastam.

Les: Colocando em prática

Psicólogos vêm estudando as "primeiras impressões" há décadas. Hoje em dia, já sabemos o que funciona e o que não funciona, se quisermos causar uma impressão duradoura e positiva. A regra dos 30 segundos é uma das mais eficientes maneiras de ter sucesso nessa área. Na pesquisa, isso é chamado de "efeito de primazia", e seu impacto inicial é muito importante para fazer com que as outras pessoas se sintam ligadas a você.[1]

PARA APLICAR OS ENSINAMENTOS DE JOHN À SUA VIDA...

Pare:
De tentar conquistar a admiração dos outros. Em vez disso, você precisa fazer os outros se sentirem admiráveis.

Pergunte:
Que palavras de incentivo posso dizer para cada pessoa que eu encontrar hoje?

Faça:
Ofereça a todos que encontrar o tratamento dos três "As" – atenção, afirmação e admiração.

Lembre-se:
Nos primeiros 30 segundos de conversa, diga algo positivo e encorajador.

3

DEIXE AS PESSOAS SABEREM QUE VOCÊ PRECISA DELAS

O maior elogio que recebi foi quando alguém perguntou o que eu pensava e escutou minha resposta.
HENRY DAVID THOREAU

LES: APRESENTANDO O PRINCÍPIO

Um dia perguntei a John o segredo do trabalho em equipe, e ele disse que tudo se resumia a uma única frase: "Não vou conseguir sem você." Ele acrescentou que grandes líderes caem quando acreditam que as pessoas precisam *deles*, em vez de reconhecerem que na verdade o que acontece é o oposto. "Os líderes só se tornam grandes quando percebem que são *eles* que precisam das pessoas", frisou John.

À medida que conversávamos, ele tirou um cartão da gaveta e falou que tinha desenvolvido uma técnica alguns anos atrás para pedir ajuda às pessoas. "Les, escrevi isso em 1974. Estava diante de um importante projeto imobiliário e precisava levantar mais de um milhão de dólares. Foi a primeira vez que percebi que estava envolvido até o pescoço nessa questão de liderança", ele disse. "Compreendi que, se quisesse um dia realizar algo importante, precisava transformar um sonho *meu* em *nosso*."

Anotei aquela frase, no intuito de pegá-la "emprestada" para uma palestra futura. John continuou: "Também cheguei à conclusão de que qualquer sonho que fosse alcançado sem a ajuda de outras pessoas seria muito pequeno." Dito isso, ele me entregou o cartão, onde estavam escritas as seguintes palavras:

Eu tenho um sonho

A História nos mostra que chega uma hora em que os líderes precisam dar um passo à frente para arcar com as necessidades do momento. Assim, todo líder em potencial tem a oportunidade de aprimorar a humanidade. Aqueles que o acompanham também têm o mesmo privilégio. Felizmente, creio que Deus me cercou daqueles que aceitarão o desafio deste momento.

Meu sonho me permite...

- Abandonar a qualquer momento tudo o que sou de modo a me tornar tudo o que posso ser.
- Pressentir o invisível para que possa fazer o impossível.
- Confiar em Deus, uma vez que o sonho é maior do que todas as minhas habilidades e todos os meus conhecimentos.
- Prosseguir quando desencorajado, pois, se não houver fé no futuro, não há poder no presente.
- Atrair vencedores, porque grandes sonhos unem grandes pessoas.
- Ver o meu futuro e o dos meus companheiros. Nosso sonho é a promessa daquilo que um dia nos tornaremos.

Sim, eu tenho um sonho. Ele é a maior de todas as minhas dádivas. É tão grande quanto o mundo, mas começa com uma só pessoa. Junte-se a mim.

– John Maxwell

"Les, já entreguei centenas desses cartões", ele contou, "e inúmeras pessoas decidiram me ajudar a realizar esse sonho por um motivo simples – eu mostrei que preciso delas."

John: Um momento de aconselhamento

O dia em que percebi que não conseguiria fazer tudo sozinho representou um grande passo no meu desenvolvimento como pessoa e como líder. Sempre tive visão, muitas idéias e bastante energia. Mas, quando seus sonhos se tornam maiores do que você, só restam duas escolhas: desistir deles ou procurar ajuda. Escolhi a segunda opção.

Não importa quanto é bem-sucedido, importante ou realizado, você *precisa* de outras pessoas. Por isso, deve demonstrar que a ajuda delas é fundamental. O presidente Woodrow Wilson disse: "Não devemos usar apenas toda a inteligência que temos, mas também toda aquela que conseguirmos emprestada." Outro presidente, Lyndon Johnson, afirmou: "Não existem problemas que não possamos resolver juntos, e muito poucos que sejamos capazes de resolver sozinhos."

Pedir ajuda às pessoas é uma grande maneira de fazê-las se sentirem valiosas. Por quê?

As pessoas precisam se sentir úteis

Já parou para pedir informação? Você abaixa a janela do carro e pergunta a alguém que está passando: "Pode me dizer como chegar à rua... ?" Quase sempre, a pessoa pára o que está fazendo e tenta ajudar – mesmo se precisar atravessar a rua ou ficar parada no meio do trânsito. Talvez até repita as instruções para ter certeza de que você entendeu. Por quê? Porque sempre que alguém vê que sabe algo que o outro não sabe, seu ego infla. As pessoas se sentem superiores e realizadas quando ajudam o próximo – o que tem um efeito extremamente positivo sobre a auto-estima. E a origem de tudo isso é a necessidade universal de se sentir necessário.

As pessoas precisam saber que necessitam de outras pessoas

"Quando você percebe que outras pessoas podem ajudá-lo a fazer um trabalho melhor do que faria sozinho, isso representa um grande passo no seu desenvolvimento", disse o magnata do aço e filantropo Andrew Carnegie. Infelizmente, muitos jamais alcançam esse nível de maturidade e discernimento. Algumas pessoas preferem acreditar que podem alcançar a grandeza sozinhas.

O destino de cada indivíduo está conectado ao de muitos outros. Não podemos ser como aquele náufrago que fica sentado em uma ponta do barco sem fazer nada enquanto as pessoas na outra extremidade jogam água para fora desesperadamente. Não podemos nos eximir de responsabilidade e dizer simplesmente: "Graças a Deus que o buraco não está no *meu* lado do barco!" Nós precisamos uns dos outros – e, quando não percebemos isso, nos damos mal.

As pessoas precisam saber que são necessárias

O cartunista Charles Schulz conseguia captar com freqüência os anseios do coração humano em sua tirinha *Snoopy*. Em uma de suas histórias, Lucy pede que Charlie Brown a ajude com o dever de casa:

– Vou ficar eternamente grata – promete ela.

– Ótimo. Nunca ninguém ficou eternamente grato por algo que eu fiz – responde Charlie. – Bom, para saber quantas maçãs sobraram para o fazendeiro, é só diminuir quatro das dez.

Lucy diz:

– Só isso? Só isso? Tenho que ficar eternamente grata por isso? Fui enganada! Não posso ficar eternamente grata por isso. É fácil demais!

Com um olhar de desânimo, Charlie responde:

– Bem, faça o que você achar justo.

– E se eu disser apenas "obrigada"? – sugere Lucy.

Quando Charlie está saindo, encontra Linus, que pergunta:

– Onde você estava, Charlie Brown?

– Ajudando Lucy com o dever de casa.

– E ela agradeceu? – pergunta Linus.

Charlie responde:

– Só com um grande desconto.

Você já se sentiu como Charlie Brown? Não é o único. Todo ser humano deseja uma vida significativa. Todos nós precisamos saber que somos necessários e que o que temos a oferecer ao próximo tem valor.

As pessoas precisam saber que ajudaram

Sempre que uma pessoa elogia os membros da minha equipe, eu a incentivo a dizer isso diretamente a eles. Por quê? Porque todo mundo precisa saber que ajudou alguém. "Bons líderes fazem as pessoas se sentirem no centro dos acontecimentos, e não na periferia", diz o escritor e especialista em liderança Warren Bennis. "Assim, elas acreditam que têm um papel fundamental no sucesso da organização, o que dá significado ao seu trabalho."

Walter Shipley, do Citibank, diz: "Temos 68 mil funcionários. Numa empresa desse porte, não estou 'controlando os negócios'. Meu trabalho é criar um ambiente que possibilite às pessoas impulsionarem umas às outras para que superem sua capacidade individual... Ganho o crédito por oferecer a liderança que ajuda nossa equipe a chegar lá. Mas foi meu pessoal que conseguiu." Shipley demonstra a sabedoria dos grandes líderes: as pessoas precisam saber que deram uma contribuição importante para a realização do objetivo.

Não é sinal de fraqueza permitir que os outros saibam que você os valoriza. É sinal de segurança e força. Quando você é honesto sobre sua necessidade de ser ajudado, específico no que diz respeito ao valor que os outros agregam e capaz de reunir os outros ao seu redor para fazer algo maior do que você mesmo, todos saem ganhando.

Les: Colocando em prática

Pesquisas já demonstraram há muito tempo que, quando as pessoas se sentem úteis, é muito mais provável que sejam produtivas e criativas. Na verdade, estudos com gêmeos de valores de QI semelhantes demonstram que o desempenho dos dois varia bastante quando estão em ambientes muito diferentes: um estimulante (no qual sabem que são necessários e valorizados) e o outro não. A pessoa que se sente necessária apresenta, conseqüentemente, um desempenho melhor.[1]

PARA APLICAR OS ENSINAMENTOS DE JOHN À SUA VIDA...

Pare:
De ter uma atitude orgulhosa que faz com que você queira provar que é capaz de tudo e que não precisa da ajuda de outras pessoas.

Pergunte:
Quem pode me ajudar a fazer esse trabalho melhor do que eu faria sozinho? Quem está só esperando ser chamado para participar do que estou fazendo?

Faça:
Peça incentivo ou ajuda aos outros e ouça com atenção o que eles têm a dizer.

Lembre-se:
Grandes líderes fazem com que as pessoas se sintam no centro dos acontecimentos, e não na periferia.

4

CRIE UMA RECORDAÇÃO E LEMBRE-SE DELA COM FREQÜÊNCIA

A memória é o tesouro e a guardiã de todas as coisas.
CÍCERO

Les: Apresentando o princípio

Quem passa um tempo de qualidade com John sabe que vai ter boas recordações. É inevitável. John simplesmente tem o talento de gerar lembranças agradáveis. É uma das coisas que o tornam bem-sucedido com as pessoas.

Um dia, quando estávamos conversando sobre criar recordações, John me contou que vivera uma situação muito especial algum tempo atrás: ele tinha uma palestra marcada para 3 mil jovens líderes em Phoenix, no Arizona, porém, quando entrou no auditório, descobriu que o anfitrião tinha planejado algo diferente. "Ele não queria que eu falasse", explicou John.

Os jovens ali reunidos já haviam participado de outros eventos com John, eram fãs de seus livros e buscavam seguir seus ensinamentos. Por isso, tinham decidido fazer uma surpresa: em vez de assistir à palestra dele, planejaram falar para o homenageado. Um a um, 12 líderes pré-selecionados subiram ao palco para contar ao grupo o impacto que os ensinamentos de John causaram em suas vidas.

"Foi totalmente inesperado", disse John. "Cada palestrante me presenteou com uma carta, um quadro, um objeto que os fazia recordar alguma coisa que tinham aprendido comigo. Fiquei muito emocionado com a experiência."

Um dos palestrantes lhe deu um belo quadro com duas imagens: uma era de um menino lendo um livro de John e a outra retratava esse garoto já crescido, treinando outras pessoas.

"Les, nunca vou me esquecer daquele dia", disse John, com os olhos cheios de lágrimas. "Mantenho as lembranças que eles me deram espalhadas pelo escritório para continuar a revivê-lo. Aquela experiência significou muito para mim. E renovou meu desejo de criar recordações para outras pessoas."

John: Um momento de aconselhamento

Poucas coisas unem tanto as pessoas quanto uma lembrança comum. Soldados que lutam juntos, colegas de time que vencem um campeonato e equipes de profissionais que alcançam seus objetivos compartilham um laço que nunca se desfaz. Cônjuges podem se valer das boas experiências do passado para superar eventuais crises no casamento. Famílias se aproximam quando todos viajam juntos nas férias e podem relembrar suas aventuras anos mais tarde.

As recordações costumam acontecer como resultado de determinadas circunstâncias. Porém, elas também podem ser criadas de forma proativa. Lewis Carroll escreveu: "Pobre da memória que funciona somente para trás." O que isso quer dizer para nós? As lembranças mais ricas são muitas vezes aquelas que planejamos e elaboramos intencionalmente. Eis algumas dicas para criar boas recordações:

Iniciativa – Faça algo acontecer

As recordações não vêm ao nosso encontro – nós vamos ao encontro delas. Melhor ainda, se tivermos iniciativa, podemos criar belas lembranças. Se você mencionar a palavra *carruagem* para meus amigos Dan e Patti Reiland ou Tim e Pam Elmore, sei exatamente o que virá à cabeça deles – um dia fresco de outono na cidade de Nova York, quando fizemos uma coisa que até hoje nos faz rir. Depois de um almoço no Tavern on the Green, aluguei três carruagens puxadas por bicicleta para que disputássemos uma corrida pelas ruas de Manhattan. Cada casal tinha de motivar seus respectivos condutores (usando qualquer incentivo financeiro que quisessem). A corrida foi equilibrada, e rimos o tempo todo.

Ainda nos divertimos quando nos lembramos daquele dia ou vemos as fotos que tiramos. Porém, nada teria acontecido se não tivéssemos tomado a iniciativa.

Tempo – Reserve um tempo para fazer algo acontecer

Por anos, os pais debateram a questão da quantidade de tempo *versus* tempo de qualidade. Como pai e avô, descobri que é preciso ter tempo para que ele se torne de qualidade.

Já percebeu que suas lembranças são, em geral, de fatos vividos junto com as pessoas com quem passa mais tempo? Sei que isso é verdade para mim. Se quiser gerar recordações com sua família, fique mais tempo com ela. Se quiser criar memórias com seus colaboradores, não se isole em seu escritório. Você não conseguirá criar boas recordações se não conviver com as pessoas.

Planejamento – Faça planos para algo acontecer

A maioria das pessoas não toma as rédeas da vida, simplesmente a aceita como ela é. Elas desejam ter experiências memoráveis, mas nunca param para pensar em algo que possa criar uma recordação. Uma das lembranças mais extravagantes que já planejei foi com Margaret, minha mulher, para o nosso aniversário de 25 anos de casamento. Decidimos comemorar com 30 dos nossos amigos mais íntimos. Fretamos um iate e fomos apanhá-los na baía de San Diego. Quando todos estavam a bordo, fizemos uma deliciosa refeição e, em seguida, surpreendemos o grupo com um show de música ao vivo. Nossos amigos adoraram. Porém, o momento mais inesquecível foi quando Margaret e eu dissemos algumas palavras sobre cada um dos presentes e o motivo pelo qual essa pessoa tinha um lugar especial em nossos corações. Aquela noite se transformou numa grande recordação para todos os que estavam lá.

Criatividade – Encontre um jeito de fazer as coisas acontecerem

O que fazer quando você deseja compartilhar uma boa recordação, mas nada sai como o esperado? Use a criatividade. Já me pediram inúmeras vezes para contar a história do jogo de futebol americano que vi com alguns amigos uns 15 anos atrás. O jogo estava tão chato que acabei comprando jornais para todos à minha volta para que tivéssemos alguma coisa para fazer. Um outro cara perto de mim, para não ficar para trás, comprou 100 saquinhos de amendoim e os distribuiu para todo mundo. Fomos aplaudidos de pé, e logo as equipes jornalísticas estavam dando mais atenção a nós do que à partida. Não me lembro do placar ou de muita coisa do jogo, mas jamais me esquecerei daquela noite. Nem dos amigos que foram comigo.

Experiências compartilhadas – Façam algo acontecer juntos

As recordações se tornam ainda mais inesquecíveis quando são vividas com alguém que você ama. Anos atrás, nossa família foi passar as férias no Jasper Park, no Canadá. Um dia levei meus filhos, Elizabeth e Joel, para pescar. Na volta para a cabana, ligamos para Margaret para dizer que estávamos a caminho, e ela perguntou às crianças como tinha sido a pescaria.

"Pegamos oito trutas", disse Joel, fingindo não dar muita importância. Mas, no fundo, eu sabia que ele estava orgulhoso. Durante o trajeto, conversamos sobre como iria ser ótimo jantar as trutas que acabáramos de pescar em um rio gelado nas montanhas.

Ao chegar, levamos as trutas para a cozinha e, em cima da pia, vimos quatro bifes prontos para ir para a grelha.

– O que é isso? – perguntou Joel à mãe. – Pegamos oito trutas! E estamos loucos para comê-las no jantar.

Margaret começou a rir.

– Pensei que você tinha dito *uma* truta, então fui comprar bifes.

Caí na risada e Elizabeth também. Por fim, com os olhos brilhando, Joel disse:

– Mamãe não é muito boa com números, não é?

Isso aconteceu quando nossos filhos tinham 11 e 13 anos. Desde então, eles não se cansam de contar a história da truta. Mesmo agora que estão casados e com filhos, ainda adoram dizer "Mamãe não é muito boa com números", nos fazendo cair na gargalhada.

Lembranças – Mostre que algo aconteceu

"Quase tudo o que você está fazendo hoje será esquecido dentro de poucas semanas", diz o escritor e pesquisador John McCrone. "A capacidade de resgatar uma memória diminui consideravelmente sem a ajuda de artifícios como diários e fotografias."

Você tem fotografias ou suvenires na sua mesa? Carrega retratos das pessoas que ama em sua carteira? Tem um troféu, placa, bola do jogo ou outro prêmio em uma prateleira onde você e outras pessoas possam vê-los? Todos possuímos objetos que amamos – não por seu valor material, mas porque nos fazem lembrar de lugares que visitamos ou coisas que fizemos. Dê pequenas lembranças para que as pessoas se recordem de momentos especiais vividos ao seu lado.

Reviva o momento – Fale sobre o que aconteceu

A parte mais importante de se criar uma recordação é revivê-la. Essa é a recompensa! Muitas vezes, quando viajo com outras pessoas, no final das férias, peço que elas compartilhem suas melhores lembranças. Geralmente isso leva a conversas preciosas. Ou escrevo um bilhete para alguém logo depois para contar minha experiência favorita. Essa atitude cria um laço que nos une e nos faz sentir muito bem.

Les: Colocando em prática

Não existe uma só pessoa no mundo que não compreenda o valor das boas recordações. Elas podem servir de apoio nos momentos mais difíceis e de inspiração nas melhores fases da vida. E o melhor de tudo é que qualquer um pode criar uma recordação e lembrar-se dela com freqüência.

PARA APLICAR OS ENSINAMENTOS DE JOHN À SUA VIDA...

Pare:
De tentar conseguir um tempo de qualidade para criar uma lembrança, se não estiver disposto a investir a quantidade de tempo necessária para tanto.

Pergunte:
Quais são as recordações que criei com as pessoas que fazem parte da minha vida que precisamos reviver juntos?

Faça:
Planeje uma comemoração que todos vão comentar durante vários anos. E não se esqueça de criar uma lembrança concreta para esse momento – um suvenir que você possa guardar para revivê-lo.

Lembre-se:
Não devemos esperar que as recordações aconteçam naturalmente. Temos de fazê-las acontecer.

5

ELOGIE AS PESSOAS EM PÚBLICO

Censura teus amigos particularmente, louva-os em público.
PUBLÍLIO SIRO

LES: APRESENTANDO O PRINCÍPIO

Elogiar as pessoas em público é uma marca registrada de John Maxwell. Ele é famoso por fazer isso a torto e a direito. Quando pedi que algumas pessoas da sua empresa me dissessem como John age no dia-a-dia, ouvi tantas histórias que não sabia quais escolher. Muitas delas continham sentimentos parecidos com os que Charlie Wetzel – que vem trabalhando com John em seus livros por mais de uma década – descreveu para mim:

> Durante quase 20 anos, John escreveu e gravou aulas de liderança, que utilizou para aconselhar milhares de pessoas por mês, primeiramente para a Injoy Life Club e agora para a Maximum Impact. Em 1995, ele criou uma aula que se destinava a ensinar líderes a encontrar pessoas com potencial e a criar um ambiente em que elas prosperassem e se tornassem grandes líderes. Ele chamou essa aula de "Procurando Águias".
>
> Hoje em dia, John muitas vezes grava essas aulas *in loco* em corporações e outras organizações em todo o país. Porém, naquela época ele lecionava para a congregação da sua igreja e para algumas pessoas da Injoy, a empresa de desenvolvimento de liderança que fun-

dou. Era sua maneira de buscar o aperfeiçoamento contínuo das pessoas ao seu redor para que pudessem crescer. Sentei na platéia naquele dia e fiz anotações, à medida que aprendia as 10 características de um águia:

1. Águias fazem as coisas acontecerem.
2. Águias vêem e agarram oportunidades.
3. Águias influenciam as opiniões e ações dos outros.
4. Águias agregam valor ao próximo.
5. Águias atraem vencedores.
6. Águias dão condições para outras águias liderarem.
7. Águias dão idéias que ajudam a organização.
8. Águias possuem uma atitude extraordinariamente nobre.
9. Águias arcam com seus compromissos e responsabilidades.
10. Águias demonstram uma inabalável lealdade à organização e ao líder.

Foi uma mensagem inspiradora e instrutiva. Ao terminar a aula, John deu nome a algumas das águias que haviam entrado em sua vida ao longo dos anos. E acrescentou: "Quero terminar esta aula falando sobre uma águia que surgiu recentemente. O nome dela é Charlie Wetzel. Ele está trabalhando conosco há pouco tempo, mas faz as coisas acontecerem."

John contou como um contato que eu fizera por conta própria com o editor de uma revista de circulação nacional tinha resultado na publicação de um artigo dele que seria lido por mais de 3 milhões de assinantes. Ele falou tantas coisas gentis e elogiosas que fiquei com lágrimas nos olhos.

John sempre dissera coisas positivas a meu respeito diante da minha esposa e de parentes que estivessem me visitando, mas daquela vez ele estava falando em público. Foi muito emocionante. Antes daquele momento, jamais havia pensado em mim mesmo como uma "águia". Até hoje fico tocado quando me lembro dessa história.

Faz uma década que John fez esse elogio a Charlie, porém o impacto dele não diminuiu. Esse é o poder de se elogiar as pessoas publicamente.

John: Um momento de aconselhamento

A maneira mais direta de conquistar as pessoas é elogiá-las – afirmar seu valor de maneira sincera e significativa. Se quiser fazer com que elas se sintam valiosas, você precisa dominar essa habilidade elementar. E é essencial que saiba elogiar tanto na frente dos outros quanto cara a cara. Por quê? Porque, quando um elogio feito em particular se torna público, ele aumenta de valor automática e drasticamente. Veja os motivos pelos quais isso é tão importante:

As pessoas querem sentir que possuem valor

"Todo mundo usa uma placa invisível ao redor do pescoço com os dizeres: *Faça com que eu me sinta importante*", defende Mary Kay Ash. Depois de ensinar esse princípio à sua equipe de vendas, ela repete inúmeras vezes: "Nunca se esqueçam dessa mensagem quando estiverem trabalhando com pessoas." Mary Kay sabe que elogios são fundamentais para se relacionar bem com os outros.

Esse, aliás, é um dos motivos por que ela é tão bem-sucedida. Com uma poupança de 5 mil dólares e a ajuda do filho que na época tinha 20 anos, ela lançou a Mary Kay Cosmetics em 1963. Hoje, a empresa tem mais de 500 mil consultores de beleza ao redor do mundo, e a Mary Kay Inc. está entre as 100 melhores empresas para se trabalhar nos Estados Unidos.

Mary Kay, como qualquer um que invista em relacionamentos positivos, compreende que as pessoas precisam se sentir valiosas e valorizadas. Quando você tem isso em mente, passa a elogiar os outros de forma espontânea.

Elogios afirmam o valor das pessoas e as fortalecem

Uma afirmação é a confirmação de uma verdade que você fixa no coração de uma pessoa. Quando elogia a atitude de alguém, você a reforça e a torna mais consistente. Uma vez que reparou nessa pessoa de forma positiva, é mais provável que ela volte a demonstrar esse comportamento.

Do mesmo modo, quando você acredita no sonho de um amigo, está ajudando a torná-lo mais real. Como uma rotina de levantamento de peso, a repetição de elogios desenvolve as qualidades e fortalece a personalidade das pessoas.

"Existem pontos fortes na vida de todos nós", escreveu George Matthew Adams, "e a maioria deles veio à tona graças ao encorajamento de alguém. Não importa quanto um homem ou uma mulher sejam grandes, famosos ou bem-sucedidos, eles desejam ser reconhecidos. O incentivo é o oxigênio da alma. Não há como esperar um serviço bem-feito de um trabalhador desmotivado. Ninguém consegue viver sem motivação."

Elogios em público são os mais eficientes

Como comandante de um navio de guerra de um bilhão de dólares, com uma tripulação de 310 homens, Mike Abrashoff se valeu da liderança de base para aumentar as taxas de permanência de 28% para 100%, reduzir custos operacionais e tornar seus homens mais aplicados e diligentes. Como ele conseguiu? Entre outras coisas, Mike deu extrema importância aos elogios em público.

"O comandante de um navio tem autorização para conceder 15 medalhas por ano", ele escreveu. "Preferi pecar por excesso e distribuí 115." Quase todas as vezes que um marinheiro deixava seu navio para assumir outro posto, o capitão Abrashoff lhe dava uma medalha: "Mesmo que ele não tivesse se destacado, recebia a medalha em uma cerimônia pública, desde que tivesse dado o seu melhor todos os dias. Eu fazia um breve discurso descrevendo quanto estimávamos a amizade, a camaradagem e o trabalho duro da pessoa em questão."

Às vezes, os colegas do marinheiro que estava de partida contavam histórias engraçadas, recordando seus pontos fracos, suas lutas e seus triunfos. Porém, o importante era que Abrashoff queria que eles se sentissem bem elogiando os companheiros em público. "Esse gesto simbólico não possui desvantagem alguma, desde que seja feito com sinceridade e sem estardalhaço", disse o capitão.

Você pode fazer o mesmo com as pessoas à sua volta. Sempre que tiver uma oportunidade de elogiar alguém, aproveite-a.

LES: COLOCANDO EM PRÁTICA

Pense na última vez em que recebeu um elogio na frente de alguém que era importante para você. Como se sentiu? Poucas coisas podem animar tanto uma pessoa quanto um elogio sincero.

PARA APLICAR OS ENSINAMENTOS DE JOHN À SUA VIDA...

Pare:
De fazer elogios apenas em particular. Em vez disso, sempre que puder, exalte publicamente as qualidades dos outros.

Pergunte:
Quem posso louvar em público?

Faça:
Elogie, hoje mesmo, alguém próximo a você na frente de outras pessoas.

Lembre-se:
Quando elogia alguém, você dá a essa pessoa asas de águia.

6

DÊ AOS OUTROS UMA REPUTAÇÃO A ZELAR

Trate um homem como ele aparenta ser e você irá piorá-lo.
Trate-o como se ele já tivesse alcançado o seu potencial,
e ele se tornará o que pode e deve ser.

GOETHE

Les: Apresentando o princípio

Alguns anos atrás, John e Margaret foram para Londres com os amigos Dan e Patti Reiland, Tim e Pam Elmore e Andy Steimer. Lá, cada um tinha um local que não podia deixar de visitar. Para Tim, era o bunker e a sala de guerra que Winston Churchill e seus assessores usaram durante a Segunda Guerra Mundial.

John me contou sobre a visita. Não era um lugar impressionante: era basicamente um porão de cerca de 3,5 metros contendo uma grande sala de mapas com uma mesa extensa, uma sala de comunicação e algumas salas menores para descansar. Porém, o que acontecera lá dentro durante a guerra tinha sido incrível. Foi de lá que Churchill coordenou e motivou o povo inglês.

Durante nossa conversa, pude notar que John adora História. Ele falou sobre Churchill – um de seus heróis – e se entusiasmou ao contar como o primeiro-ministro ajudou a levantar o ânimo de milhões de ingleses logo após a derrota britânica de junho de 1940 na Batalha de Dunquerque. John citou um trecho do discurso que Churchill fez à Câmara dos Comuns naquela ocasião:

> Não iremos ceder ou fracassar... Lutaremos na França, lutaremos nos mares e oceanos, lutaremos com crescente confiança e poderio no ar, defenderemos nossa ilha, custe o que custar, lutaremos nas praias, nos pontos de desembarque, nos campos e nas ruas, lutaremos nas colinas; jamais desistiremos...[1]

John disse que Churchill fizera várias coisas extraordinárias durante a guerra, mas ele acreditava que a principal delas tinha sido dar aos ingleses uma reputação a zelar: "Ele os inspirou, motivou e desafiou. E, em resposta, eles se ergueram. Eles os amavam por isso."

John tenta personificar essa qualidade. Ele diz que, ao interagir com as pessoas, pergunta constantemente a si mesmo: *O que é especial, único e maravilhoso neste indivíduo?* Então compartilha sua opinião com os demais. John pensa o melhor das pessoas e fala sobre as boas qualidades que vê nelas.

John: Um momento de aconselhamento

Uma das melhores maneiras de estimular as pessoas e fazê-las se sentirem bem consigo mesmas é mostrar-lhes o seu potencial – quem elas poderiam se tornar. Anos atrás, um dirigente dos New York Yankees tentava conscientizar os jogadores novatos do privilégio que era fazer parte daquele time. "Garotos, é uma honra simplesmente colocar o uniforme do New York. Então, quando vocês o vestirem, joguem como campeões mundiais. Joguem como os Yankees. Joguem com orgulho", dizia.

Quando você dá a alguém uma reputação a zelar, está lhe oferecendo algo de bom pelo que lutar. Ao instigar o potencial das pessoas à sua volta, você as incentiva a "jogar com orgulho", como fazem os Yankees. Por que isso é importante? Porque as pessoas vão mais longe do que achavam ser possível quando alguém que respeitam lhes diz que são capazes.

Se quiser dar aos outros uma reputação a zelar, eis algumas sugestões:

Faça bom juízo das pessoas

Aqueles que fazem parte da sua vida são profundamente afetados pela opinião que você tem deles. O Dr. J. Sterling Livingston, ex-membro da Harvard Business School e fundador da empresa de consultoria de gerenciamento Sterling Institute, costuma dizer: "O desempenho das pessoas é compatível com a percepção que têm da sua expectativa em relação a elas."

Muita gente passa a vida inteira tentando viver à altura da sua reputação. Então, por que não ajudar as pessoas em vez de desencorajá-las? Todos possuem valor e potencial. Você pode encontrar essas duas coisas se tentar.

Demonstre o juízo que você faz das pessoas com ações

Quando você sustenta sua crença nas pessoas com ações, a insegurança delas começa a desaparecer. Falar para o seu filho adolescente que você acha que ele dirige bem é uma coisa; deixá-lo sair com o carro à noite é outra completamente diferente. Da mesma forma, se quiser que sua nova gerente responda à altura da confiança que você deposita nela, dê-lhe uma responsabilidade de peso. Nada dá mais segurança às pessoas do que ver quem elas respeitam provar que está falando sério. Isso não só as fortalece emocionalmente como também lhes dá meios para atingir o sucesso.

Ignore o passado das pessoas e dê a elas uma reputação para o futuro

Antigos apelidos e rótulos negativos podem impedir o crescimento e o progresso de um indivíduo. Talvez seja por isso que, em muitas culturas, os ritos de passagem incluem a entrega de um novo título ou nome à pessoa homenageada. Um novo nome dá esperança para um novo futuro.

Um exemplo divertido disso está no filme *O homem de La Mancha*, baseado na obra clássica de Cervantes, *Dom Quixote*. O protagonista, Don Alonzo, persegue uma vida de bravura e deseja se tornar um cavaleiro errante, muito depois de essa era ter acabado. Vê gigantes onde outros enxergam moinhos de vento e vive grandes aventuras imaginárias. Comicamente, ele "resgata" uma prostituta chamada Aldonza, que acredita ser uma bela dama. Chama-a de Dulcinéia e faz dela o objeto de suas façanhas de cavaleiro.

No começo, ela se ofende. Acha que está sendo ridicularizada, pois odeia a si mesma e a sua vida. Porém, com o tempo, a maneira como ele a vê modifica a própria idéia que Aldonza faz de si e lhe dá esperança. Quando o homem está no seu leito de morte, ela lhe agradece por ter enxergado nela o que ela mesma não conseguia ver.

Os exemplos mais dramáticos de ignorar o passado e dar uma reputação para o futuro estão na Bíblia. O livro do Gênesis relata como Deus mudou a vida de Abrão, um velho sem filhos, ao lhe dar o nome de Abraão[2] – que significa "pai de muitos" –, possibilitando assim que se tornasse pai na velhice. E Deus pegou Jacó, um trapaceiro que enganou o irmão, mentiu para o pai e constantemente conspirava em benefício próprio, e chamou-o de Israel – e seu futuro foi o começo da nação de Israel.[3]

Dê às pessoas um novo nome ou apelido que instigue o potencial delas

Harry Hopman, um dos melhores capitães e técnicos de tênis da história da Austrália, chegou a armar a equipe australiana de tal maneira que ela dominou o mundo do tênis numa determinada época. Como ele conseguiu isso? Enfatizando o que chamou de "treinamento através da afirmação". Por exemplo, ele tinha um jogador lento que apelidou de "Foguete". Outro jogador, que não era famoso por sua força ou seu físico, foi chamado de "Músculos". E isso certamente os entusiasmou. "Foguete" Rod Laver e Ken "Músculos" Rosewall tornaram-se campeões.

Adoro dar apelidos que instiguem o potencial das pessoas. Sou famoso por isso. Chamo meus próprios filhos, Elizabeth e Joel Porter, de "Menina dos Meus Olhos" e "Filho Número Um". Toda vez que nasce um bebê na nossa família, as crianças querem saber como vou chamar o mais novo membro. É uma tradição que amamos. Por quê? Porque todos adoram ser incentivados por alguém que enxerga – e instiga – seu potencial.

Les: Colocando em prática

Às vezes encontro líderes que acreditam que não devem massagear o ego das pessoas dando-lhes uma reputação que elas não merecem de fato. Sempre falo com eles sobre a "regra dos 10 anos". Sua origem é uma pesquisa mostrando que profissionais de elite, aqueles cuja reputação os precede, geralmente precisaram de pelo menos 10 anos de prática dedicada e constante, antes de obter um nível *reconhecível* de excelência. A pesquisa também mostra que o processo pode ser abreviado drasticamente, quando o indivíduo vê sinais de que já está começando a alcançar algum reconhecimento.[4]

PARA APLICAR OS ENSINAMENTOS DE JOHN À SUA VIDA...

Pare:
De pensar nos fracassos do passado de uma pessoa e concentre-se no potencial dela para o futuro.

Pergunte:
O que é especial, único e maravilhoso nessa pessoa? Como posso mostrar isso para os outros?

Faça:
Demonstre o bom juízo que você faz de uma pessoa com ações que reforcem essa opinião.

Lembre-se:
Muitas pessoas foram mais longe do que achavam ser possível porque alguém acreditou que conseguiriam e disse isso a elas.

7

DIGA AS PALAVRAS CERTAS NA HORA CERTA

Nenhuma prosperidade é tão elevada e firme que não possa ser abalada por algumas poucas palavras; e não há desgraça que não possa ser remediada pelas palavras certas.

RALPH WALDO EMERSON

LES: APRESENTANDO O PRINCÍPIO

Qualquer pessoa que conheça John bem poderá lhe relatar um momento específico em que ele disse as palavras certas na hora certa. Uma das histórias mais tocantes que ouvi enquanto trabalhava neste livro foi a de Dan Reiland, amigo íntimo e ex-braço direito de John. "Ele sempre tinha as palavras certas para me dizer, mas a ocasião que mais me marcou foi quando minha mãe morreu", contou Dan. "Ninguém poderia ter feito nada melhor."

A morte foi súbita e inesperada, e John estava fora da cidade quando Dan lhe deu a notícia. John e Margaret mudaram rapidamente seus planos e voltaram de avião para San Diego. Dan se lembra até hoje dos dois entrando na sua casa, lhe dando um abraço forte e dizendo: "Nós te amamos."

Dan me contou que John disse também muitas palavras de sabedoria ao irmão dele, Lan, e alentou sua irmã, Jean. Percebi que Dan ainda se sentia tocado por aquele gesto, mesmo tendo ocorrido quase uma década atrás. "John também realizou um belo ofício fúnebre", recordou Dan. "Depois ele me deu suas anotações que guardo com carinho. Sou grato por tudo o que John fez naquela época, mas nada tem o poder daquelas três palavras que ele disse quando entrou na minha casa."

As pessoas que não têm muita intimidade com John às vezes ficam surpresas com seu talento para dizer as palavras certas na hora certa. Estão acostumadas com sua persona pública de palestrante, que domina as estratégias de comunicação e tem excelente timing. Mas talvez não percebam que John é um autêntico incentivador, que adora ajudar as pessoas e as entende de fato, tanto nos palcos quanto fora deles.

Lembro-me de ouvir John falar para uma platéia de gerentes sobre o valor do que dizemos e quando dizemos. Ele disse:

- As *palavras erradas* ditas na *hora errada* me desestimulam.
- As *palavras erradas* ditas na *hora certa* me deixam frustrado.
- As *palavras certas* ditas na *hora errada* me confundem.
- As *palavras certas* ditas na *hora certa* me incentivam.

Sem dúvida, descobri que isso é verdade na minha própria vida. Você não? As palavras certas na hora certa são como uma brisa refrescante de incentivo.

John: Um momento de aconselhamento

A maioria das pessoas sabe que as palavras têm um poder incrível. O editor e teólogo Tyron Edwards observou: "As palavras são ao mesmo tempo melhores e piores do que os pensamentos. Elas os expressam e somam a eles; dão-lhes o poder de fazer o bem ou o mal; projetam-nos em um vôo sem fim em direção a conselhos, conforto e graça, ou a mágoa, tristeza e ruína." No entanto, dizer as palavras certas não basta. O timing é essencial.

Às vezes, a melhor coisa a fazer é ficar calado. Diante da tentação de dar um conselho indesejado, de se mostrar, de falar "Eu disse" ou de apontar o erro de alguém, a melhor atitude é não dizer nada. Como o jornalista britânico do século XIX George Sala aconselhou, devemos procurar "não apenas dizer a coisa certa na hora certa, mas, o que é muito mais difícil, não falar a coisa errada num momento de tentação".

Mantenha os seguintes pensamentos em mente quando quiser incentivar outras pessoas usando as palavras certas na hora certa:

Esteja atento ao tempo e ao lugar

Dizem que, durante uma das últimas grandes ofensivas da Segunda Guerra Mundial, o general Dwight Eisenhower estava andando perto do Reno, quando encontrou um soldado que parecia deprimido.

– Como você está, filho? – ele perguntou.

– General – respondeu o jovem –, estou muito nervoso.

– Bem – disse Eisenhower –, então nós formamos um belo par, pois eu também estou nervoso. Talvez fosse bom para nós dois se simplesmente andássemos juntos.

A chave para se dizer a coisa certa na hora certa é prestar atenção ao contexto. Esse é um dos segredos para se comunicar com sucesso com uma platéia grande – e também quando se está falando com apenas uma pessoa. O rei Salomão de Israel escreveu: "Como maçãs de ouro em bandejas de prata, assim é a palavra dita a seu tempo."[1] Se aprender a ficar atento ao cenário à sua volta, você já terá ganhado metade da batalha para dizer as palavras certas na hora certa.

Fale de coração

A questão não envolve apenas o que você diz e quando diz, mas também *como* diz. Uma tirinha do Snoopy mostra Lucy perguntando ao pianista Schroeder:

– Você acha que eu sou a garota mais bonita do mundo?

Naturalmente, Lucy tem de perguntar várias vezes e de jeitos diferentes, até que Schroeder, para se livrar dela, responde:

– Sim.

Ela fica desconsolada e fala:

– Até quando diz, ele não diz.

As pessoas percebem a diferença entre palavras vazias e algo que é dito de coração. Don Bennett, um homem de negócios de Idaho, foi o primeiro deficiente a chegar ao topo do monte Rainier. São 4.392 metros, com uma perna e duas muletas! Numa parte especialmente difícil da escalada, Bennett e sua equipe tiveram de atravessar um campo de gelo. Para cruzá-lo, os alpinistas precisaram colocar *crampons* em suas botas para lhes dar tração. Infelizmente, uma só bota não adiantava muito para Bennett. A única maneira de atravessar o campo era se jogar de cara no gelo, arrastar-se o mais longe possível, levantar-se e se jogar novamente.

A filha adolescente de Bennett, Kathy, o acompanhou na escalada. Ela ficou do lado dele durante as quatro horas de luta. Animava-o sem parar, dizendo: "Você vai conseguir, papai. Você é o melhor pai do mundo. Você vai conseguir!"[2] As palavras de sua filha, ditas de coração, o ajudaram a seguir em frente.

Reconheça o poder das palavras certas na hora certa

Dizer as palavras certas na hora certa tem o poder não só de fazer uma pessoa se sentir bem momentaneamente, como também de gerar um impacto positivo duradouro.

O pintor Benjamin West falou uma vez que sua paixão pela pintura começou quando era menino. Assim que sua mãe saía de casa, ele pegava as tintas e tentava pintar. Um dia, espalhou as tintas, os pincéis e vários outros apetrechos pela casa, fazendo uma grande bagunça. De repente ele se deu conta de que a mãe voltaria a qualquer minuto e tentou desesperadamente arrumar tudo, mas não conseguiu. Quando ela chegou, Benjamin esperou o pior.

Mas a reação da mãe o surpreendeu. Ela apanhou a pintura que estava no chão, olhou para ela por alguns instantes e disse: "Minha nossa, que belo retrato da sua irmã." Deu-lhe um beijo no rosto e foi embora. Por causa daquele beijo, disse West, ele se tornou um pintor.

Não sei que tipo de experiência você teve quando criança. Talvez seus pais, como os meus, compreendessem o poder do incentivo. Caso contrário, o que você daria para ter alguém que lhe dissesse algo de valor na hora certa – um pai, professor, técnico ou religioso? Independentemente de ter ouvido ou não essas palavras de incentivo, você pode dizê-las agora. Busque oportunidades de animar as pessoas, pois isso pode mudar a vida delas.

Les: Colocando em prática

Diversos estudos sustentam que, quando as palavras certas são ditas na hora certa, há inúmeros resultados positivos. Um dos mais importantes é a confiança. Quando oferece alguma coisa a uma pessoa no momento em que ela está precisando – mesmo que se trate de um estranho –, é muito provável que você seja visto como alguém com quem se pode contar. Você será considerado confiável e atencioso.[3] Isso não é animador?

PARA APLICAR OS ENSINAMENTOS DE JOHN À SUA VIDA...

Pare:
De se importar com o que quer dizer e concentre-se no que a outra pessoa precisa ouvir.

Pergunte:
O que gostaria de ouvir se estivesse no lugar dessa pessoa?

Faça:
Mude o dia de alguém – ou talvez sua vida inteira – dizendo as palavras certas na hora certa, de coração.

Lembre-se:
"Como maçãs de ouro em bandejas de prata, assim é a palavra dita a seu tempo."

8

ENCORAJE O SONHO DOS OUTROS

Fique longe das pessoas que tentam depreciar suas ambições. Pessoas mesquinhas costumam agir assim, mas as verdadeiramente grandiosas fazem com que você sinta que também pode se tornar grande.

MARK TWAIN

LES: APRESENTANDO O PRINCÍPIO

Quando comecei a conversar com os colaboradores de John, uma das coisas que descobri é que ele recebe dezenas de cartas toda semana agradecendo-lhe pelas mudanças positivas que resultaram de seus livros, palestras e aulas em CD. Pedi a Sue Caldwell para ver algumas dessas cartas, e ela me entregou uma pasta cheia contendo algumas que havia lido para a equipe. À medida que folheava os papéis, observei quantas vezes as pessoas tinham escrito sobre esperanças e sonhos que se reacenderam dentro delas.

Duas cartas me chamaram a atenção porque se referiam a uma conferência para jovens líderes cristãos na qual John fora palestrante. A primeira, escrita por Kevin, dizia:

> Obrigado! Sem querer ser dramático, não tenho palavras para dizer quanto você acrescentou à minha vida nos últimos seis anos. Eu era um dos 5.500 líderes emergentes que foram à conferência na semana passada... Senti como se Deus tivesse atendido a minhas preces enquanto você abria seu coração para nós na sua palestra... Você disse: "Queria que acreditassem em si mesmos tanto quanto acredito em

vocês." Foi a primeira vez que escutei isso de alguém da sua geração. Foi extremamente encorajador.

A segunda, escrita por Matt, dizia:

Nos últimos meses, vinha me sentindo muito desmotivado e resignado com o fato de que o sonho (que perseguira anteriormente) estava morrendo. Então fui à conferência. De uma forma totalmente inesperada, Deus se moveu em meu coração e reafirmou que Seu plano ainda estava vivo. Quando você rezou com a gente durante a palestra, não consegui parar de chorar. Suas palavras vieram diretamente do coração de Deus para o meu. Jamais esquecerei aquele momento... Obrigado pelo impacto que causou na minha vida.

Conversando com John e com seus funcionários e sócios, descobri que ele sempre apoiava os sonhos deles, mesmo quando isso significava que poderia perder alguém que prezava. Tim Elmore – pastor da equipe de John em San Diego por mais de dez anos – sempre procurava John quando recebia algum convite de outra organização e pedia que ele "tirasse seu chapéu de patrão e colocasse o de conselheiro". Tim conta que John era extremamente objetivo nessas ocasiões e, várias vezes, realmente incentivava Tim a ir em frente, dizendo: "Essa pode ser uma boa oportunidade para você. Não quero que se arrependa por não ter tentado. Acho que deve ir."

Uma dessas propostas fez Tim ir para o Colorado, onde aceitou o cargo de vice-presidente de uma instituição pararreligiosa. E John o incentivou incondicionalmente. Ele de fato queria que Tim realizasse seus sonhos e alcançasse seu potencial.

John: Um momento de aconselhamento

Considero um grande privilégio quando as pessoas dividem seus sonhos comigo. É uma demonstração de coragem e confiança. E, quando isso acontece, tenho consciência de que exerço um grande poder sobre suas vidas. O que não é pouca coisa. Uma palavra errada pode esmagar o sonho de alguém; a palavra certa pode inspirar esse alguém a persegui-lo.

Se uma pessoa tem tanta consideração por você a ponto de lhe contar seus sonhos, seja cuidadoso. E mantenha as seguintes coisas em mente ao encorajá-la:

Entenda que os sonhos são frágeis

A atriz Candice Bergen declarou: "Os sonhos são, por definição, amaldiçoados: eles têm vida curta." Suponho que ela disse isso porque algumas pessoas não gostam de ver os outros perseguindo seus sonhos. Faz com que lembrem como estão longe de viver os seus. Por isso tentam derrubar qualquer um que queira alcançar as estrelas. Convencendo os demais a desistir de seus sonhos, elas têm uma boa desculpa para continuar acomodadas.

Não seja um assassino de sonhos. Em vez disso, torne-se um libertador de sonhos. Mesmo se achar que os anseios dos outros estão fora da realidade, isso não é motivo para criticá-los.

Perder um sonho é uma grande perda

Você já desistiu de algum sonho? Já enterrou uma esperança que parecia lhe dar energia? Como isso o afetou? Norman Cousins, ex-editor da revista *Saturday Review* e professor adjunto de psiquiatria na UCLA, costumava dizer: "A morte não é a maior perda da vida. A maior perda é quando algo morre dentro de nós enquanto estamos vivos."

Os sonhos nos mantêm vivos. Benjamin Franklin observou que "a maioria dos homens morre do pescoço para cima aos 25 anos, pois eles deixam de sonhar". É por isso que é tão importante ajudar o próximo a manter seus sonhos vivos. Encorajar o sonho de outra pessoa pode alimentar a alma dela.

Encorajar os outros a perseguir seus sonhos é uma dádiva maravilhosa

Uma vez que os sonhos estão no âmago da nossa alma, precisamos fazer tudo ao nosso alcance para ajudar a transformá-los em realidade. Essa é uma das maiores dádivas que podemos oferecer aos outros. Como fazer isso? Siga os seis passos abaixo:

1. *Peça às pessoas que dividam os sonhos delas com você.* Todos têm um sonho, mas poucos são estimulados a falar sobre ele.
2. *Encoraje as pessoas e também os seus sonhos.* Permita que elas saibam que você não só dá valor aos seus sonhos, como também reconhece as qualidades que elas possuem para concretizá-los.
3. *Pergunte quais são os obstáculos que elas terão de vencer para realizá-los.* Poucas pessoas se interessam em saber quais são os sonhos dos outros; menos ainda tentam descobrir que tipo de dificuldades eles irão enfrentar para conseguir o que desejam.
4. *Ofereça ajuda.* Ninguém realiza um sonho que valha a pena sozinho. Você ficará impressionado ao ver como as pessoas se animam quando você se oferece para ajudá-las a alcançar seus sonhos.
5. *Converse sobre os sonhos das pessoas regularmente.* Se realmente quiser encorajar os outros a transformar seus sonhos em realidade, não adianta ajudar esporadicamente. Esteja sempre em contato para ver como estão se saindo e oferecer ajuda.
6. *Esforce-se diariamente para ser um construtor – e não um destruidor — de sonhos.* Todos têm um sonho, e todos precisam de incentivo. Ajuste seu radar mental para identificar os sonhos das outras pessoas e ajudá-las.

As pessoas farão jus aos seus sonhos se tiverem a chance de realizá-los

Scott Adams, criador da popular tirinha *Dilbert*, conta a seguinte história sobre seu começo como cartunista:

> Você não precisa ser uma "pessoa de influência" para ser influente. Na verdade, as pessoas que mais influenciaram minha vida provavelmen-

te não têm consciência das coisas que me ensinaram. Quando estava tentando me tornar cartunista, enviei meu portfólio para vários editores – e fui rejeitado todas as vezes. Um editor chegou a ligar sugerindo que eu tivesse aulas de arte. Então, Sarah Gillespie, que é editora na United Media e uma das especialistas no ramo, ligou para me oferecer um contrato. No começo, não acreditei nela. Perguntei se teria de mudar meu estilo, arranjar um parceiro – ou aprender a desenhar. Mas ela acreditava que eu já era bom o bastante. Sua confiança em mim mudou completamente meu ponto de vista e alterou a maneira como eu via minhas próprias habilidades. Isso pode soar estranho, mas, assim que desliguei o telefone, passei a desenhar melhor.

A editora Sarah Gillespie deu a Adams a chance de viver seu sonho, porém, como já tinha sido desencorajado por inúmeras pessoas, ele quase teve medo de dizer sim. Graças ao incentivo dela – e à oportunidade que recebeu –, *Dilbert* se tornou uma tirinha muito popular.

Não há como prever o que pode acontecer se você começar a encorajar os sonhos de todos ao seu redor. Você não adoraria ser o alvo do comentário "Alcancei o sucesso porque essa pessoa acreditou em mim quando ninguém mais acreditava"? Comece a incentivar as outras pessoas. Quanto mais o fizer, mais elas dividirão seus sonhos com você. E maior será a chance de vê-las prosperar.

Les: Colocando em prática

Caso você ache que encorajar os sonhos das pessoas só servirá para deixá-las com a cabeça nas nuvens, pesquisas demonstram que essa prática faz mais pelos indivíduos do que simplesmente levá-los a buscar algo no futuro. Faz com que se envolvam mais em suas atividades no presente. Tecnicamente falando, é o que chamamos "modelo de desempenho ressonante". Mas o que você precisa realmente saber é que encorajar os sonhos das outras pessoas está sempre certo.

PARA APLICAR OS ENSINAMENTOS DE JOHN À SUA VIDA...

Pare:
De criticar os sonhos do próximo. Em vez disso, apóie suas visões elevadas e seu esforço para realizá-los.

Pergunte:
Quem eu posso ajudar a alcançar um sonho hoje?

Faça:
Ofereça ajuda específica para levar alguém a realizar seu sonho.

Lembre-se:
Quando uma pessoa conta seu sonho a você, está compartilhando sua alma.

9

DÊ CRÉDITO ÀS PESSOAS

Se cada um de nós confessasse seu desejo mais secreto – aquele que inspira todos os nossos planos e todas as nossas atitudes –, diria: "Eu quero ser reconhecido."

E. M. CIORAN

LES: APRESENTANDO O PRINCÍPIO

Um dos meus assuntos favoritos quando estou conversando com John é o mercado editorial. Conversamos sobre isso há cerca de duas décadas. Já falamos sobre idéias para livros, títulos, campanhas de marketing, editores, espaço nas prateleiras das livrarias ou agentes, abrangendo quase todos os aspectos possíveis e imagináveis da indústria. E, uma vez que John é um dos autores mais bem-sucedidos na área de liderança e vendeu mais de 9 milhões de livros, sempre me interesso em saber os detalhes das suas experiências no mercado.

Já faz algum tempo, John e eu estávamos dando palestras em uma conferência na Virginia, e, no intervalo, pedi que ele apontasse um bom momento em sua carreira como escritor.

– É uma pergunta difícil, Les – ele respondeu. – Fui abençoado de maneiras que jamais poderia ter imaginado.

– Mas com certeza existe um ponto alto – insisti educadamente.

– Bem, quando *As 21 irrefutáveis leis da liderança* vendeu um milhão de exemplares, a editora Thomas Nelson deu um banquete para cerca de 120 funcionários da empresa e da Injoy para comemorar a ocasião. Ganhei belos presentes, entre eles este aqui – John puxou a manga do paletó e mostrou as abotoaduras de ouro que estava usando, ambas com o número "21". – Aquela noite foi uma honra.

Tempos depois, conversei com algumas das pessoas que compareceram à comemoração. Uma delas foi Margaret, a mulher de John. Ela disse que John expressou sua gratidão por todos e deu crédito aos que contribuíram para o sucesso do livro. Ao se dirigir aos convidados, ele contou como Victor Oliver criara o conceito original do livro e dera o título. Creditou um grupo de líderes-chave na Injoy que o ajudou a aprimorar as leis. Agradeceu a Charlie Wetzel por ter sido o artesão das palavras. Agradeceu a Ron Land, da Thomas Nelson, e a Kevin Small e à equipe da Injoy pela organização da turnê de divulgação que ajudou a colocar o livro na lista de best-sellers. Agradeceu ao editor Mike Hyatt, à equipe de vendas e marketing da Nelson, aos livreiros e a várias outras pessoas, sem se esquecer dos seus pais. Margaret disse que, quando John terminou, não havia um único olho sem lágrimas na sala.

Transformar um livro em um sucesso e levá-lo às mãos das pessoas que ele pode ajudar é sempre um trabalho de equipe, embora nem todos os escritores o vejam dessa forma. Todos que estão envolvidos no processo têm um papel a cumprir, e John se esforçou para dar crédito e mostrar seu reconhecimento à contribuição de cada um.

John: Um momento de aconselhamento

Nunca vou me esquecer daquela noite em Orlando. Quando comecei a escrever em 1979, não podia sonhar que um livro meu algum dia atingisse a marca de um milhão de exemplares. Quando Margaret e eu voltamos para o nosso quarto de hotel, ela perguntou minha opinião sobre o ponto alto do banquete. Respondi, sem pestanejar, que tinha sido o momento em que dei crédito às pessoas. São raras as oportunidades de agradecer a contento àqueles que nos ajudam, especialmente em uma situação pública. Realmente quis aproveitar ao máximo. Não só me faz bem compartilhar qualquer sucesso que eu venha a ter, como também anima os outros e faz com que se sintam valiosos.

Dar crédito às pessoas é uma das maneiras mais fáceis de valorizá-las. Se quiser praticar essa habilidade, eis algumas sugestões:

Verifique seu ego antes de começar

A principal razão para não dar crédito aos outros é pensar que isso, de alguma forma, vai prejudicar você ou diminuir seu valor. Muitas pessoas se sentem tão inseguras que precisam alimentar seus egos freqüentemente. Por isso, é necessário que você deixe seu ego de lado para colocar esse método em prática.

Já ouviu o ditado "Um egoísta não é uma pessoa que se considera melhor do que os outros, e sim que pensa que os outros são piores do que ele"? Se quiser dar crédito às outras pessoas, concentre-se nelas. Do que precisam? Como se sentirão ao ganhar crédito? Como isso vai melhorar o desempenho delas? Como irá motivá-las a alcançar seu potencial? Se der valor às contribuições dos outros, ambas as partes sairão ganhando.

Não espere – dê crédito o mais rápido possível

Adoro esta frase de H. Ross Perot: "Recompense seus empregados enquanto o suor ainda estiver na testa deles." Não é verdade que uma das melhores horas para reconhecer o esforço dos outros é quando o trabalho e o sacrifício que uma tarefa custou ainda estão frescos nas suas memórias? Por que esperar? Talvez você já tenha ouvido o ensinamento do especialista em gerenciamento Ken Blanchard que diz que devemos abordar as pessoas quando elas estão fazendo algo de bom. Que grande idéia! Quanto antes você der crédito à outra pessoa, melhor será o resultado.

Em 2003, quando entrevistei o técnico de basquete da UCLA, John Wooden, ele me contou como insistia com seus jogadores sobre a importância de dar um sorriso, piscar e acenar para o jogador que lhes deu um bom passe sempre que marcassem um ponto. “E se ele não estiver olhando?”, perguntou um membro da equipe. Wooden respondeu: “Eu garanto que ele vai olhar.” Todos gostam de ver suas contribuições reconhecidas.

Diga na frente de outras pessoas

Você já leu o capítulo que o incentiva a elogiar as pessoas em público, mas vale a pena repetir. Quando se dá crédito aos outros diante de seus colegas e entes queridos, o valor do elogio se multiplica. Billy Martin, ex-jogador e dirigente dos New York Yankees, costuma dizer: “A melhor coisa do mundo é quando alguém da equipe faz uma boa jogada e todos se juntam em volta dele para lhe dar um tapinha nas costas.” Ao demonstrar em público seu apreço pelo trabalho de alguém, você estará ajudando a criar o tipo de ambiente descrito por Martin.

Coloque no papel

Quando você elogia verbalmente, motiva as pessoas naquele instante. Quando se dá ao trabalho de escrever, existe a possibilidade de incentivá-las por toda a vida. As pessoas colocam placas nas paredes para se lembrar de suas conquistas. Guardam com carinho cartas de reconhecimento e louvor pelo que fizeram. Lá no fundo, todos querem fazer a diferença e, em algum momento, todos precisam de encorajamento.

Tenho um arquivo no meu escritório com cartas e bilhetes que possuem um significado especial para mim. De vez em quando, abro o arquivo e leio algumas das coisas que pessoas que respeito escreveram para mim. Isso me permite reviver aquele momento de incentivo. Dizem que até mesmo Abraham Lincoln trazia no bolso um recorte de jornal exaltando suas façanhas como presidente. Ele foi um dos maiores líderes da história dos Estados Unidos, porém, assim mesmo, precisava de algo para levantar seu ânimo.

Por favor, não subestime o impacto que um artigo, uma declaração pública ou um bilhete pessoal podem ter. Algumas palavras que você levaria apenas alguns minutos para escrever são capazes de inspirar uma pessoa por décadas.

Só diga se estiver falando sério

Adoro esta antiga piada: um velho está no leito de morte e sua mulher de longa data não sai do lado da sua cama. Ele abre os olhos e a vê.

– Aí está você, Agnes – diz –, mais uma vez do meu lado.

– Sim, querido – ela responde.

– Olhando para trás – diz o velho –, lembro-me de todas as vezes que você esteve junto de mim. Você estava lá quando recebi a notificação de que teria de ir lutar na guerra. Estava comigo quando nossa primeira casa pegou fogo e também quando sofri o acidente que destruiu nosso carro. Sem falar em quando meu negócio faliu e perdemos todo o dinheiro que tínhamos.

– Sim, querido – diz a esposa.

O velho suspira.

– Vou lhe contar, Agnes – diz ele –, você é pé-frio, hein?

Pode parecer óbvio, mas vou falar assim mesmo para não deixar margem a dúvidas. Você nunca deve dizer uma coisa em que não acredita para incentivar alguém. Se não for sincero, não vai fazer as pessoas se sentirem bem, e sim enganadas. Quando se dá crédito ao próximo, deve-se fazê-lo de coração.

Les: Colocando em prática

Reconhecer o trabalho de colegas e parceiros é mais do que mera gentileza. Pesquisas revelam que, ao dar crédito às outras pessoas, você altera a bioquímica delas e cria um "carimbo emocional" que fará com que elas sempre o associem ao sucesso que alcançaram.

PARA APLICAR OS ENSINAMENTOS DE JOHN À SUA VIDA...

Pare:

De pensar no seu ego. Concentre-se nas pessoas à sua volta e no reconhecimento que elas merecem.

Pergunte:

Quem me tornou mais bem-sucedido do que eu teria sido sozinho?

Faça:

Em público, dê crédito ao maior número de pessoas possível por uma empreitada bem-sucedida.

Lembre-se:

Se cada um de nós confessasse seu desejo mais secreto, diria: "Eu quero ser reconhecido."

10

OFEREÇA O SEU MELHOR

Faço o melhor dentro da minha capacidade –
o melhor que posso. E pretendo fazê-lo até o fim.
ABRAHAM LINCOLN

LES: APRESENTANDO O PRINCÍPIO

Faz muitos anos que recebo, em fita ou CD, as aulas de liderança de John. Depois de ouvir uma chamada "Preparação: A diferença entre ganhar e perder", tive de fazer uma pergunta a ele.

– Eu adorei a lição – falei –, mas preciso lhe perguntar uma coisa. Você realmente acredita que a preparação é tão importante assim na vida de uma pessoa?

– Sem dúvida – respondeu John. – A preparação é mais do que simplesmente disciplina. É uma atitude, um estilo de vida. Meu pai costumava citar um versículo da Bíblia que diz: "Coloque toda a sua força em qualquer coisa que se disponha a fazer." Em outras palavras, em tudo o que fizer, em tudo o que possuir, ofereça o seu melhor. Tento aplicar isso no meu dia-a-dia.

Observo John há anos e acredito que seja verdade. Ele busca a excelência em tudo o que faz. Mas não é só isso. Enquanto trabalhávamos neste livro, tivemos uma reunião em San Diego, onde John aguardava o nascimento do seu quarto neto. Quando a reunião acabou, ele nos levou para jantar no seu restaurante favorito na cidade – o Peohe's, que tem uma comida maravilhosa e uma vista melhor ainda. A anfitriã nos ofereceu lugares bem perto da água, e John e Margaret sentaram-se imediatamente de frente para o restaurante, para que todas as outras pessoas do grupo pudessem apreciar a vista da baía.

Mais cedo naquele dia, durante a reunião em uma sala com vista para o oceano, John também se sentara de costas para a janela, permitindo que os demais, que vinham de outras partes do país, desfrutassem a paisagem. E nenhuma das duas vezes foi por acaso. Ele escolhera o pior lugar porque queria oferecer a todos nós o melhor.

John: Um momento de aconselhamento

Há anos tenho sido convidado para dar palestras em eventos especiais de empresas. É uma coisa que adoro fazer. Seria fácil para mim improvisar ou repetir uma palestra que já tivesse dado em outro lugar. Mas nunca faço isso, pois sei que não seria útil para eles. Em vez disso, pesquiso sobre a empresa. Descubro o máximo que puder sobre o evento que planejaram e o que desejam alcançar. Você deve estar imaginando por que tenho todo esse trabalho sem necessidade. A resposta é simples: tenho um objetivo sempre que dou uma palestra. Depois que acabo de falar para a platéia, espero que a pessoa que me convidou diga: "Você superou nossas expectativas." Quero dar o que eles desejam... e algo mais.

Talvez você já possua a mentalidade de oferecer o seu melhor. Se for o caso, quero lhe dar meus parabéns e encorajá-lo a preservar essa atitude. Se não, espero que os pensamentos a seguir o ajudem a desenvolver essa mentalidade.

Qualquer pessoa pode ser alguém importante para mim

É mais provável que ofereçamos nosso melhor àqueles que amamos e respeitamos. Voltando à minha época de estudante, lembro-me de adorar alguns professores e ser indiferente a outros. Sei que sempre dei o meu melhor para aqueles de que gostava e, para os outros, fazia apenas o suficiente para garantir a nota. Mais tarde, percebi que isso prejudicava não só meu relacionamento com as outras pessoas, como também meu potencial para o sucesso. Então descobri o antídoto: se considerasse *todos* importantes – e não só as pessoas de que mais gostava –, sempre ofereceria o meu melhor. Essa mudança de atitude me levou a modificar meus atos.

Qualquer coisa que fazemos pode se tornar importante

Quais são as pessoas mais importantes da sua vida? São aquelas que nunca reservam um tempo do dia para você, que nunca parecem estar por perto quando você precisa? É claro que não. Geralmente, são as que tratam *você* como alguém importante. Naturalmente damos valor àqueles que nos valorizam. Então, se quiser ser importante para as outras pessoas, é a *elas* que você deve dar importância. A maneira mais eficiente de fazer isso é oferecendo-lhes o seu melhor.

Aproveite ao máximo suas dádivas e oportunidades

Há mais de 30 anos, memorizei uma citação que moldou a maneira como vivo: "Meu potencial é a dádiva de Deus para mim. O que faço com meu potencial é minha dádiva para Ele." Acredito que devo a Deus, ao próximo e a mim mesmo cada dádiva, talento, recurso e oportunidade que tenho na vida. Se der menos do que o meu melhor, estarei fugindo da minha responsabilidade. Creio que era isso que o técnico de basquete da UCLA, John Wooden, queria dizer quando falou: "Faça com que cada dia seja sua obra-prima." Se oferecermos o melhor o tempo todo, podemos transformar nossas vidas em algo especial. E isso afetará a vida das outras pessoas.

Gosto muito de uma história sobre o presidente Dwight Eisenhower. Uma vez ele disse à Associação Nacional de Imprensa que se arrependia de não ter uma formação política melhor que lhe permitisse ser um grande orador. Disse que essa falta de habilidade o lembrava um episódio da sua infância no Kansas, quando um velho fazendeiro queria vender uma vaca. O comprador perguntou sobre o pedigree do animal, a produção de gordura e a produção mensal de leite. O vendedor disse: "Não sei o que é pedigree, não faço idéia da produção de gordura, mas ela é uma boa vaca e vai lhe dar todo o leite que tem." Isso é o máximo que todos nós podemos fazer – dar tudo o que temos. E é sempre o suficiente.

LES: COLOCANDO EM PRÁTICA

Uma enorme quantidade de pesquisas psicológicas recentes tem se concentrado no valor das virtudes. E especialistas estão descobrindo que, quando uma pessoa se empenha em dominar certos traços de personalidade – por exemplo, quando tenta se tornar mais generosa –, ela freqüentemente se beneficia durante o processo de beneficiar o próximo. Isso é conhecido na área como "realizações".[1] No entanto, não precisamos de pesquisas para saber que, quando oferecemos o nosso melhor, estamos fadados a nos sentir realizados.

PARA APLICAR OS ENSINAMENTOS DE JOHN À SUA VIDA...

Pare:
De fazer o mínimo necessário; em vez disso, procure se esforçar ao máximo.

Pergunte:
O que posso fazer por alguém que jamais poderá me retornar o favor?

Faça:
Dê voluntariamente além do que se pede.

Lembre-se:
Todos admiram uma pessoa que oferece o seu melhor.

11

COMPARTILHE UM SEGREDO COM ALGUÉM

Se esconder um segredo de um amigo, você merece perdê-lo.

PROVÉRBIO PORTUGUÊS

LES: APRESENTANDO O PRINCÍPIO

Em 1996, John tomou uma importante decisão em relação à sua empresa e, por um tempo, contou a poucas pessoas. Charlie Wetzel foi uma delas. Eis o seu relato:

> Um dia, John me pediu para ir à sua casa para trabalharmos no projeto de livro em que estávamos envolvidos na época. A reunião foi muito produtiva e, depois que terminamos, John disse: "Charlie, antes de ir, quero conversar com você sobre uma coisa."
>
> Quando um funcionário ouve essas palavras do chefe, ele fica alerta. A frase seguinte pode falar de "tempos difíceis" e "desempenho fraco" ou ser um frio comunicado, do tipo "Você está despedido!".
>
> John prosseguiu: "Daqui a um ano, vamos transferir a empresa de San Diego. Ainda não queremos anunciar para toda a equipe, mas estou contando aos membros da diretoria – meu círculo interno – sobre a mudança para que eles possam começar a processar a informação. Nós vamos para Atlanta."
>
> John explicou que viajar de avião de San Diego para outras cidades estava começando a ficar pesado, não só para ele, mas também para os consultores que trabalhavam para a empresa. Quando John pediu à sua

assistente, Linda Eggers, que calculasse quantos dias do ano anterior ele havia passado fazendo conexões aéreas de San Diego para Dallas, Chicago ou Atlanta, ela chegou a um número assombroso: 30 dias! Foi então que John soube que estava na hora de transferir a empresa.

Comecei a processar todas aquelas informações. Então John disse: "Charlie, quero muito que você venha conosco."

John falou comigo por apenas dois minutos, mas o que disse mudou minha vida. Desde então, já se passaram dois anos e escrevemos cinco ou seis livros juntos. Trabalhei duro para ele, e John sempre esbanjou elogios. Mas não fazia idéia de que ele me valorizava tanto. Depois que ele compartilhou seu segredo comigo, a maneira como vejo nosso relacionamento, a minha carreira e até a mim mesmo mudou.

John fez várias coisas maravilhosas pela minha família e por mim no decorrer dos anos. Sei que tudo isso lhe custou tempo e dinheiro. Dividir comigo o segredo da nossa transferência não custou nada, mas causou um grande impacto em mim. Fez com que eu me sentisse valioso.

Não é segredo que compartilhar algo com alguém pode ser poderoso. É uma maneira garantida de construir uma relação sólida.

John: Um momento de aconselhamento

Há um provérbio siciliano que diz: "Somente a colher sabe o que está fervilhando na panela." Quando permite que outra pessoa saiba o que está fervilhando dentro de você, dando a ela um "gostinho" do seu plano ou da sua idéia, uma conexão instantânea se estabelece entre vocês dois. Quem não quer saber o que se passa na cabeça de uma pessoa querida?

A história de Charlie Wetzel pode sugerir que partilhar um segredo com alguém tem que ser uma grande coisa, com conseqüências que vão mudar sua vida. Não é bem assim. É claro que contar algo impactante causa comoção. Porém, você pode passar a compartilhar pequenas coisas do dia-a-dia. Na primeira vez que divide algo com outra pessoa, não está revelando uma coisa que era segredo até aquele instante? Então por que não permitir que ela saiba que é a primeira vez que fala sobre o assunto? Isso vai fazê-la se sentir especial.

Compartilhar um segredo com alguém depende de duas coisas: da interpretação do contexto e do desejo de levantar o moral da outra pessoa. Se levar isso em consideração, você poderá aprender essa habilidade. Quando for tentar, mantenha três coisas em mente:

1. Compartilhar um segredo significa dar informações valiosas

Quando se conta um segredo, é preciso que a informação seja importante para a pessoa a quem você a confidencia. Deve ser do interesse dela ou suprir-lhe uma necessidade. Por exemplo, dois experientes pescadores de alto-mar decidiram pescar no gelo. Ambos cortaram buracos no gelo, colocaram iscas no anzol, jogaram as linhas na água e esperaram. Depois de três horas, não tinham pegado nada.

Enquanto estavam lá, viram um menino chegar e cortar um buraco bem perto deles. O garoto colocou uma isca no anzol, jogou a linha na água e quase imediatamente pegou um peixe. Depois repetiu o processo e logo pegara mais de uma dúzia de peixes. Os dois pescadores ficaram olhando pasmos.

Finalmente, um deles se aproximou do menino e disse: "Garoto, nós estamos aqui há mais de uma hora e não pegamos um só peixe. Você pescou pelo menos uma dúzia em alguns minutos. Qual é o segredo?"

O menino balbuciou uma resposta, mas o homem não entendeu nada do que ele disse. Então notou um grande volume na bochecha esquerda do garoto. "Você poderia tirar o chiclete da boca para eu entender o que está dizendo?", pediu o homem.

O menino fez uma concha com as mãos, cuspiu e disse: "Não é chiclete; é o meu segredo. Você tem que deixar as minhocas quentes."

2. Compartilhar um segredo faz com que as pessoas se sintam especiais

Dividir algo com as pessoas sempre alimenta seus egos. O comentário de Charlie diz tudo: "Não fazia idéia de que John me valorizava tanto. Depois que ele compartilhou seu segredo comigo, a maneira como vejo nosso relacionamento, a minha carreira e até a mim mesmo mudou." Porém, como já disse, o segredo nem sempre precisa ser dramático para ter um efeito positivo. Por exemplo, quando vou jogar golfe, geralmente levo um cartão com as dicas que o jogador profissional Scott Szymoniak me deu. Às vezes, quando um amigo não está jogando bem, chamo-o de lado e digo: "Quero compartilhar um segredo com você que me ajudou a melhorar meu jogo." Então tiro o cartão contendo as seis coisas básicas que um jogador de golfe precisa saber e praticar. E digo a ele que aquele é meu plano pessoal de jogo, que não mostro para qualquer um.

Como você se sente ao saber que é a primeira pessoa a ser informada de algo? Eu me sinto especial. Esse é um dos motivos por que minha esposa Margaret e eu costumamos contar um ao outro primeiro muitas das coisas que aconteceram conosco durante o dia. Para me ajudar a fazer isso, carrego um bloquinho e anoto o que quero contar a ela. "Guardo" tudo o que escrevo lá para partilhar com minha mulher depois. Isso gera momentos especiais para nós dois todos os dias.

3. Compartilhar um segredo faz com que as outras pessoas embarquem na sua viagem

Dividir um segredo é um ato de inclusão, um convite para que o próximo participe da sua vida, da sua experiência. Inclui a outra pessoa no seu sucesso. Quando falo para uma platéia – seja numa mesa-redonda de executivos ou num auditório lotado –, utilizo intencionalmente uma linguagem inclusiva. Permito que as pessoas embarquem na minha viagem. E, quando revelo algo que ainda não tinha falado em público, faço com que saibam disso. É uma forma de demonstrar que me importo com elas e quero ajudá-las.

Les: Colocando em prática

De acordo com pesquisas, quando as pessoas estão "por dentro", uma enorme quantidade de atributos positivos se correlaciona às suas vidas. Por exemplo, é mais provável que considerem seu trabalho à altura das suas ambições. Também costumam ter amizades mais ricas e casamentos mais felizes. Os pesquisadores chamam isso de "mecanismo mental adaptativo".[1]

Seja qual for a terminologia que escolher, o resultado é que, quando você divide um segredo com outras pessoas, está fazendo mais do que transmitir uma simples informação. Está aumentando a probabilidade de um relacionamento mais íntimo.

PARA APLICAR OS ENSINAMENTOS DE JOHN À SUA VIDA...

Pare:
De guardar as informações para si.

Pergunte:
Quem seria mais beneficiado ao receber uma informação confidencial?

Faça:
Encontre, hoje mesmo, alguém para quem você possa contar um segredo.

Lembre-se:
Se compartilhar um segredo com alguém, você certamente irá aumentar a auto-estima dessa pessoa.

12

ACREDITE NAS BOAS INTENÇÕES

Errar é humano; perdoar não é política da empresa.

AUTOR DESCONHECIDO

LES: APRESENTANDO O PRINCÍPIO

Você tem dificuldade de conceder o benefício da dúvida às pessoas – de acreditar nas suas boas intenções? Eu tenho. Especialmente quando acho que pisaram na bola ou tentaram me magoar. Mas, se você for como eu, sabe que essa tendência pode ser prejudicial para seus relacionamentos. Um dia, conversei sobre isso com John e ele se identificou imediatamente comigo. Ele me contou que tinha se inspirado no exemplo de sua mãe para mudar sua maneira de pensar.

– Mamãe me conhecia profundamente e levava isso em conta sempre que avaliava meu comportamento – explicou John. – Hoje, quando digo a alguém que eu não pretendia fazer algo errado, espero que essa pessoa acredite nas minhas boas intenções como minha mãe fazia. Sua habilidade e sua disposição de agir assim foram uma dádiva e me ajudaram a conceder aos outros o benefício da dúvida.

– Você está dizendo que sua mãe fazia vista grossa para todos os seus erros? – perguntei.

John riu.

– Com certeza, não. Como qualquer criança, tive minha cota de castigos. E pode acreditar que eu os mereci! Mas mamãe nunca me julgou precipitadamente. Nunca pensou o pior de mim. Muito pelo contrário, ela sempre pensou o melhor.

John explicou como o comportamento da mãe o ajudou, permitindo que os dois se tornassem muito próximos.

– Isso trouxe à tona o melhor de mim. E me ensinou a fazer o mesmo pelas outras pessoas – disse ele.

– Você acha que alguém que não foi criado dessa maneira terá mais dificuldade em agir assim com as pessoas? – perguntei.

– Les, acho que não. É claro que uma pessoa cuja vida familiar não tenha sido positiva ou que não tenha visto esse tipo de exemplo em casa não colocará esse princípio em prática *naturalmente*. Mas, no fim das contas, conceder o benefício da dúvida é uma escolha. E já vi muitas pessoas que cresceram com poucas oportunidades superarem todo tipo de problema.

John: Um momento de aconselhamento

Vamos ser sinceros. Nem todo mundo é bem-intencionado. Ao acreditar nas boas intenções, algumas pessoas vão tirar vantagem de você. Isso já aconteceu na minha vida. E vai acontecer no futuro. Porém, o fato de eu pensar o melhor dos outros levou tanta gente a fazer coisas maravilhosas por mim que literalmente não tenho como enumerar todas elas.

Descobri que, quando desconfio das outras pessoas, me comporto de maneira errada com elas. E isso piora qualquer interação entre nós. De forma geral, você recebe o que espera dos outros. Então decidi ser otimista, esperar o melhor e ser abençoado na maioria das vezes. Se quiser fazer o mesmo, siga os passos abaixo:

Espere o melhor das pessoas

A primeira coisa a fazer é verificar sua atitude. Como você vê o próximo? Acredita que, bem no fundo, todos querem ser bons, fazer o melhor? Isso é importante, porque, se não esperar o melhor das outras pessoas, jamais irá acreditar que elas estão bem-intencionadas. E, se não acreditar nisso, não creio que você vá fazer o esforço de garimpar o ouro que existe dentro delas.

Veja as coisas da perspectiva do outro

De fato, a questão da perspectiva está relacionada à maturidade. Quanto menos maduro se é, maior é a dificuldade de ver as coisas do ponto de vista de outra pessoa. Reflita sobre a história bíblica da mulher adúltera. Jesus desafiou as pessoas sem pecado a atirarem nela a primeira pedra. Os *mais velhos* do grupo foram os primeiros a largar as pedras e ir embora. Por quê? A maturidade lhes dera maior perspectiva.[1]

"Uma vez que temos a tendência de ver a nós mesmos essencialmente sob a luz das nossas *intenções*, que são invisíveis ao próximo, ao passo que vemos o próximo sob a luz de seus *atos*, que são tudo o que podemos ver, temos uma situação em que desentendimentos e injustiças são rotineiros", disse o filósofo J. G. Bennett. E é exatamente por isso que enxergar as coisas do ponto de vista das outras pessoas é crucial para acreditar nas boas intenções delas.

Conceda o benefício da dúvida

Talvez, em criança, você tenha aprendido esta regra de ouro: "Faça pelos outros o que gostaria que fizessem por você." Muitas vezes ao longo da vida, quando minhas intenções eram boas mas meus atos se mostravam equivocados, eu desejei que as pessoas me vissem sob a luz dessa regra. Em outras palavras, queria que me dessem o benefício da dúvida. Então, por que eu não deveria demonstrar a mesma cortesia com elas?

Frank Clark fez a seguinte observação: "Que grandes realizações teríamos alcançado no mundo se todos tivessem feito o que tinham a intenção de fazer." Mesmo concordando com isso, eu acrescentaria: "Que grandes relacionamentos teríamos construído se todos fossem avaliados pelo que pretendiam fazer – apesar do que fizeram." Quando você concede o benefício da dúvida a alguém, está respeitando a mais eficiente regra interpessoal já escrita.

Lembre-se dos bons momentos das outras pessoas, e não dos maus

Todos temos bons e maus momentos. Não sei quanto a você, mas eu gostaria de ser lembrado pelos bons. E tudo o que posso fazer é pedir desculpa pelos maus. David Augsburger, professor doutor em teologia pelo Fuller Theological Seminary, observa: "Uma vez que nada do que tencionamos fazer é irrepreensível e que não realizamos nada sem algum grau de limitação e falibilidade, características sabidamente humanas, estamos salvos pelo perdão." Se deseja investir nos seus relacionamentos, o perdão é essencial. E ele não pode ser concedido apenas eventualmente. O líder negro e ativista na luta pelos Direitos Civis nos Estados Unidos, Martin Luther King Jr., tinha razão quando disse: "O perdão não é um ato ocasional; é uma atitude permanente."

E lembre-se: você será julgado de acordo com os mesmos critérios pelos quais julga os outros. Se você se concentrar nos aspectos positivos do comportamento das pessoas, é mais provável que elas façam o mesmo com você.

Les: Colocando em prática

Caso tenha crescido em um ambiente em que se esperava o pior de você, em vez do melhor, não desanime. Uma pesquisa que acompanhou a trajetória de um grupo de crianças durante 30 anos apontou que, com freqüência, infâncias difíceis geraram adultos excepcionais e atenciosos. O que fez a diferença nesses casos? Duas qualidades se destacaram: (1) essas pessoas encontraram um relacionamento alentador em algum ponto de suas vidas e (2) elas tinham o desejo de ajudar os outros.[2]

PARA APLICAR OS ENSINAMENTOS DE JOHN À SUA VIDA...

Pare:
De pensar em justiça, em vez disso mantenha o foco na graça e no perdão.

Pergunte:
Como eu me sentiria e o que faria se estivesse no lugar dessa pessoa?

Faça:
Valorize a intenção do próximo, e não seus atos – da mesma forma que gostaria que ele fizesse com você.

Lembre-se:
Se não esperar o melhor das outras pessoas, você não se esforçará para enxergar suas boas intenções.

13

PARE DE SE OLHAR NO ESPELHO

Não sei o que o destino lhes reserva, mas sei de uma coisa: os únicos dentre vocês que serão de fato felizes serão aqueles que buscarem aprender a servir.

– Albert Schweitzer

Les: Apresentando o princípio

Logo depois de transferir suas empresas de San Diego para Atlanta, em 1997, John contratou o pesquisador George Barna para fazer um planejamento estratégico com a diretoria. Barna é diretor-geral do Barna Group, uma empresa de pesquisa de marketing especializada em determinar tendências culturais e angariar informações sobre a Igreja Católica.

Os líderes e maiores cabeças das empresas de John se reuniram para uma sessão de um dia inteiro com Barna, na qual podiam perguntar tudo o que quisessem – e que pudesse ajudá-los a planejar estratégias de negócio e marketing para os próximos anos. Todos os presentes logo entraram no jogo, e Barna respondeu a uma pergunta atrás da outro. Foi um brainstorm de conceitos e estratégias.

Linda Eggers, a assistente de longa data de John, notou que ele ouvia com atenção, mas raramente intervinha. Parecia satisfeito em apenas escutar. No fim do dia, quando os dois se sentaram para tratar de outras questões, Linda descobriu que o chefe tinha uma longa lista de perguntas que acabou não fazendo. Ela ficou surpresa, principalmente porque sabia quanto John havia pago pela consultoria de George Barna.

– John, você deixou todas as outras pessoas falarem – ela observou. – Por que não fez nenhuma das *suas* perguntas?

– Sabe de uma coisa, Linda? – ele disse. – Todos estavam tão entusiasmados em se encontrar com George que não quis estragar o momento. Não importa se não tive respostas às minhas perguntas. Fica para a próxima.

Linda diz que esse é um dos motivos pelos quais adora trabalhar para John. "Como ele é muito carismático diante de uma platéia, algumas pessoas acham que tem um ego enorme. Elas não fazem idéia de quanto ele pensa no próximo e o coloca em primeiro lugar."

Se você se concentrar nas outras pessoas e se esforçar continuamente para lhes dar aquilo de que precisam, conseguirá parar de se olhar no espelho. E essa é uma maneira maravilhosa de conquistar as pessoas.

John: Um momento de aconselhamento

Uma das questões centrais do meu livro *Vencendo com as pessoas* é a da conexão: estamos dispostos a nos concentrar nas outras pessoas? O conceito fundamental por trás dessa questão é o Princípio do Panorama, que afirma: "Toda a população mundial – com uma única exceção – é composta pelos outros." Se você nunca pensou nesses termos, chegou a hora de tentar. Se cada indivíduo achar que é o centro do universo, não só se decepcionará quando descobrir que isso não é verdade, como também se alienará de todos ao seu redor. Nunca conheci uma pessoa bem-sucedida nos seus relacionamentos que não tivesse parado de se olhar no espelho e se tornado capaz de servir ao próximo com dignidade.

A maioria das pessoas admitiria sem titubear que o altruísmo é uma qualidade positiva, e mesmo os indivíduos mais egocêntricos têm o desejo, lá no fundo, de ajudar os outros. O problema, às vezes, é mudar de comportamento e se habituar a colocar as outras pessoas em foco, em vez de a si mesmo. Eis alguns pensamentos que servirão de lembrete para que você pare de se olhar no espelho:

Concentrar-se nas outras pessoas lhe dá uma sensação de propósito

O comediante Danny Thomas, que fez sucesso nas décadas de 1950 e 1960 como protagonista do seriado *Make Room for Daddy*, disse certa vez que "todos nós nascemos por um motivo, mas nem sempre descobrimos qual é. O sucesso não tem a ver com o que você ganha na vida ou conquista para si. Ele está no que fazemos pelas outras pessoas".

Danny vivia de acordo com esse princípio. Como astro da televisão, ele poderia ter simplesmente aproveitado os benefícios da sua conquista. Porém, queria algo mais. Fundou o St. Jude's Hospital, um centro de pesquisa especializado no tratamento de crianças que sofrem de doenças graves, e dedicou grande parte da vida a ele. Isso fez com que tivesse uma maior sensação de propósito.

Concentrar-se nas outras pessoas pode lhe dar energia

Manter o foco em si mesmo pode sugar sua energia, ao passo que se voltar para as outras pessoas tem o efeito contrário. Meu amigo Bill McCartney sabia disso quando foi técnico do time de futebol americano da Universidade do Colorado, os Colorado Buffaloes. O treinador Mac, como era chamado, ouvira falar que a maioria das pessoas passa 86% do tempo pensando em si mesmas e apenas 14% no próximo. Porém, algo lhe dizia que, se os jogadores se concentrassem em uma pessoa de que gostavam, em vez de apenas em si mesmos, uma nova fonte de energia se abriria para eles.

Em 1991, Mac decidiu usar essa informação quando estava enfrentando um grande desafio. Os Colorado Buffaloes tinham uma partida marcada contra seus arqui-rivais, os Nebraska Cornhuskers, no campo do adversário. O problema era que o time não ganhara um só jogo lá em 23 anos. Mas o treinador acreditava em seu time e buscou uma maneira de instigá-lo a vencer. No fim das contas, decidiu apelar para a força do amor.

Ele orientou cada jogador a ligar para uma pessoa que amava e dedicar aquela partida a ela. Mac também incentivou os jogadores a pedir a essa pessoa que prestasse atenção em cada jogada, tendo em mente que cada choque, cada bloqueio e cada ponto seriam dedicados a ela.

O técnico tomou ainda outra medida. Providenciou 60 bolas nas quais seria registrado o placar final da partida, para que os jogadores pudessem enviá-las às pessoas que tivessem escolhido.

Os Colorado Bufalloes ganharam o jogo. O placar escrito nas bolas foi "27 a 12".

Concentrar-se nas outras pessoas pode lhe dar uma sensação de contentamento

Fui informado de que uma pesquisa na área de psicologia demonstrou que os indivíduos alcançam maior harmonia e têm mais probabilidade de se sentirem satisfeitos quando servem ao próximo. As pessoas sabem disso instintivamente há séculos – mesmo antes do estabelecimento formal da ciência da psicologia. Por exemplo, observe a sabedoria (e o humor) deste provérbio chinês:

> Se quiser ter uma hora de felicidade, tire uma soneca.
> Se quiser ter um dia de felicidade, vá pescar.
> Se quiser ter um mês de felicidade, case-se.
> Se quiser ter um ano de felicidade, receba uma fortuna de herança.
> Se quiser ter uma vida de felicidade, ajude o próximo.

Você pode de fato *ajudar a si mesmo* ajudando os outros. Lembre-se de que sempre será útil parar de se olhar no espelho.

Les: Colocando em prática

Alguns pesquisadores o chamam de *ultra-self* e consideram-no um marco de sabedoria. Refere-se à serenidade que lhe permite se concentrar nos outros com segurança emocional. Encontra-se livre da inveja mesquinha e da competitividade. Alegra-se com sinceridade com o sucesso alheio. E diversos estudos demonstram que é uma das maneiras mais importantes de estabelecer ligações significativas com outras pessoas.[1]

PARA APLICAR OS ENSINAMENTOS DE JOHN À SUA VIDA...

Pare:
De tentar encontrar felicidade cuidando das suas necessidades em primeiro lugar.

Pergunte:
O que posso fazer para me esquecer de mim mesmo e me concentrar nas outras pessoas?

Faça:
Deixe suas necessidades de lado e faça uma coisa específica, hoje mesmo, que o ajudará a parar de se olhar no espelho.

Lembre-se:
O sucesso na vida está diretamente relacionado ao que você faz ao próximo.

14

FAÇA PELOS OUTROS O QUE ELES NÃO PODEM FAZER POR SI MESMOS

Você não viveu de verdade até ter feito algo por uma pessoa que jamais poderá lhe pagar de volta.

JOHN BUNYAN

LES: APRESENTANDO O PRINCÍPIO

Há algum tempo, John impulsionou minha carreira de palestrante ao abrir portas que eu jamais conseguiria abrir por contra própria. Sob a recomendação dele, subi em palcos de todo o país para falar a platéias de milhares de ouvintes de cada vez. As pessoas que marcavam os eventos não me conheciam, mas confiavam no aval de John sobre um jovem palestrante que estava começando.

Isso foi há 15 anos, e até hoje me sinto grato pelo que John fez por mim naquela época. Ele ajudou a deslanchar minha carreira de palestrante – algo que eu jamais conseguiria sem ele.

Inúmeras pessoas têm histórias de como John se dispôs a ajudálas pessoal ou profissionalmente. Quando conversei com Tim Elmore, um amigo de longa data que agora é vice-presidente da EQUIP, ele teve dificuldade de eleger *uma* situação, pois John já fez inúmeras coisas por ele. Depois de pensar um instante, Tim me contou o seguinte:

> Talvez algo mais pessoal revele melhor o coração de John. Eu e ele estávamos em Bangalore, na Índia, para dar aulas de liderança – uma viagem, devo acrescentar, que eu não faria se John não tivesse me contratado para a EQUIP. Antes de sairmos do país, minha mulher, Pam,

pediu que ele ficasse de olho em mim, pois sou diabético. Se meu nível de glicose cair de repente, fico desorientado, não percebo que meu estado se agravou e geralmente preciso ir para um hospital. Pode ser assustador – especialmente se você estiver fora do país.

Quando chegamos à Índia, John foi recebido como um astro de rock! Você não faz idéia de como as pessoas o tratavam. No exterior, elas ficam em filas literalmente por horas para vê-lo e pegar um autógrafo. Bem, John deu uma aula em Bangalore. A platéia estava enlouquecida, ele estava cercado de gente, e o que fez? Abriu caminho pela multidão, pegou meu kit de controle de diabetes e foi se certificar se eu estava bem.

Isso pode parecer pouco, mas é difícil acreditar que alguém naquelas circunstâncias fosse capaz de se concentrar nas necessidades de outra pessoa. Isso demonstra claramente o grande coração de John e seu desejo de ajudar o próximo.

Tim ficou com a voz embargada durante seu relato, e eu também me emocionei. Um fato que me impressionou é que todas as pessoas que falaram sobre essa qualidade de John disseram que gostariam de fazer pelos outros o que ele fez por elas. A atitude dele inspirou-as a apoiar o próximo.

John: Um momento de aconselhamento

O embaixador e poeta Henry Van Dyke observou certa vez: "Existe uma ambição mais elevada do que meramente chegar ao topo do mundo. É a ambição de descer de lá e erguer um pouco mais a humanidade." Que perspectiva! Fazer pelos outros o que eles não podem fazer por si mesmos é uma questão de atitude. Acredito que o que quer que se tenha recebido deve ser dividido com as outras pessoas. E, como tenho uma mentalidade abundante, nunca me preocupo em ficar sem nada. Ao que parece, quanto mais dou, mais recebo para dar.

Não importa se você acha que tem muito ou pouco, você é capaz de fazer pelos outros o que eles não podem fazer por si mesmos. A maneira como fará isso depende dos seus talentos, dos seus recursos e da sua história. No entanto, é possível se lançar à tarefa pensando em quatro áreas:

1. Apresente as pessoas a alguém que elas não conheceriam sozinhas

Meu pai, Melvin Maxwell, fez muitas coisas incríveis por mim e me apresentou a grandes homens. Na adolescência, conheci Norman Vincent Peale, E. Stanley Jones e outros excepcionais homens de fé. E, como havia revelado minha intenção de entrar para o ministério, meu pai pediu que esses pastores rezassem por mim. Não sei colocar em palavras o que eles fizeram por mim.

Hoje, tenho condições de fazer pelos outros o que meu pai fez por mim. Adoro apresentar jovens aos meus ídolos. Adoro ajudar as pessoas a fazer contatos profissionais. É comum, quando estou conversando com alguém que acabei de conhecer, me vir à cabeça: preciso apresentar essa pessoa ao fulano. Isso pode significar dar um telefonema em nome dela, marcar um encontro ou simplesmente levá-la até um amigo que está do outro lado da sala.

Você não precisa conhecer gente famosa para dar esse tipo de ajuda. Às vezes basta apresentar um amigo a outro ou um sócio a outro. Coloque as pessoas em contato. Seja a ponte que une umas às outras.

2. Leve as pessoas a lugares aonde elas não poderiam ir por conta própria

No começo do nosso casamento, Margaret e eu não tínhamos um tostão. Logo que saí da faculdade, me dediquei integralmente à carreira, e Margaret trabalhava em três empregos para nossas contas fecharem. Conseguíamos tocar o barco, mas não sobrava dinheiro para nada – férias eram um luxo a que não podíamos nos dar. Felizmente, eu tinha um irmão mais velho que nos amava e nos ajudava. Durante os primeiros cinco ou seis anos da minha vida profissional, todas as férias que tiramos foi a convite de Larry e sua mulher, Anita.

Tenho a impressão de que, durante a primeira metade da minha carreira, se fui para algum lugar interessante, foi porque alguém me convidou. Dezenas de vezes, passei por experiências às quais não teria acesso por conta própria: joguei golfe, visitei igrejas, participei de conferências e visitei países que pareciam estar fora do meu alcance.

Você talvez tenha o poder de oferecer às pessoas experiências que, a princípio, são inacessíveis a elas. Se não puder ajudar um amigo ou colega, comece pela sua família. Leve seus filhos a lugares a que eles não poderiam ir por conta própria. É impossível prever o impacto positivo que isso terá.

3. Ofereça às pessoas oportunidades que elas não teriam sozinhas

Les disse que eu o ajudei no começo da sua carreira como palestrante. Pois eu também recebi ajuda. Há cerca de 20 anos, o professor C. Peter Wager, do Fuller Seminary, me convidou para falar sobre liderança para pastores de todo o país. Ele me projetou nacionalmente e me deu uma credibilidade que eu não possuía.

Poucas coisas têm mais valor para uma pessoa qualificada do que uma oportunidade. Demóstenes, o grande orador da Grécia antiga, disse: "Pequenas oportunidades são muitas vezes o começo de grandes façanhas." Uma oportunidade agarrada é quase sempre fonte de sucesso. Ajude as pessoas a ser bem-sucedidas dando-lhes oportunidade, e você irá se beneficiar também.

4. Compartilhe com as pessoas idéias que elas não teriam sozinhas

Quanto vale uma idéia? Todo produto começa com uma idéia. Todo serviço começa com uma idéia. Todo negócio, todo livro e toda nova invenção também. São as idéias que fazem o mundo girar. Então, quando você apresenta uma idéia a alguém, está lhe oferecendo um grande presente.

Uma das coisas que adoro quando estou escrevendo um livro é o processo pelo qual ele me faz passar. Coloco algumas idéias no papel e então reúno um grupo de pessoas criativas para me ajudar a testar o conceito, fazer um brainstorm e melhorar esse esboço. Todas as vezes que fiz isso, recebi excelentes sugestões, coisas que eu jamais teria bolado sozinho. Devo dizer que sou muito grato a elas.

Profissionais criativos adoram idéias e sempre parecem ter um estoque inesgotável delas. Quanto mais dão, mais parecem ter. Criatividade e generosidade se alimentam mutuamente. Esse é um dos motivos pelos quais nunca reluto em compartilhar idéias com os outros. Estou convencido de que meu tempo vai acabar muito antes de as idéias se esgotarem. É melhor oferecer algumas e contribuir para o sucesso de outra pessoa do que deixá-las adormecidas dentro de mim.

Les: Colocando em prática

Quando você faz algo por uma pessoa que ela não pode fazer por conta própria, está nutrindo um relacionamento que certamente será significativo. Estudos sobre o que os pesquisadores chamam de "teoria da autodeterminação" demonstraram que apoiar as metas de outra pessoa consolida o relacionamento, pois, no fim das contas, você a está ajudando a atingir os objetivos que ela estabeleceu para si mesma.[1]

PARA APLICAR OS ENSINAMENTOS DE JOHN À SUA VIDA...

Pare:
De pensar no que você pode conseguir das outras pessoas e concentre-se no que pode fazer por elas.

Pergunte:
Que oportunidade, idéia ou experiência eu poderia oferecer que determinada pessoa jamais teria sem minha ajuda?

Faça:
Uma lista dos seus recursos, contatos e habilidades e pense em coisas específicas que você poderia fazer pelas outras pessoas.

Lembre-se:
Todos precisamos de outras pessoas que façam por nós o que não podemos fazer sozinhos.

15

OUÇA COM O CORAÇÃO

A coisa mais importante na comunicação
é ouvir o que não está sendo dito.
PETER DRUCKER

LES: APRESENTANDO O PRINCÍPIO

Como psicólogo, fui treinado para ouvir os sentimentos das pessoas e não apenas suas idéias. E observei que muitos líderes – especialmente os de personalidade forte – não são bons ouvintes. Para piorar, mesmo quando escutam, adotam uma atitude do tipo: *Não quero saber da história do parto, mostre-me logo o bebê.*

Considero John uma pessoa muito forte. Ele pode ser centralizador em alguns momentos. Mas também sabe ouvir, além de ser particularmente talentoso em intuir os sentimentos dos outros. Visto que essa característica é incomum em pessoas com o temperamento de John, quis saber como ele se tornou um bom ouvinte.

– Fracassos – foi a resposta. – Fracassos constantes. Comecei como um péssimo ouvinte. No início da carreira, achei que sabia tudo. Só deixava as pessoas falarem porque sabia que a minha vez estava chegando. No casamento, eu era um *pouquinho* melhor – prosseguiu John. – *Queria* muito ouvir Margaret por causa do amor que sentia por ela. Porém, isso não me impedia de ser o Sr. Sabe-tudo. Em *Vencendo com as pessoas*, conto como eu costumava ganhar as discussões, mas acabava arrasando-a emocionalmente. Por fim, compreender que estava ferindo seus sentimentos fez com que eu mudasse minha atitude e me empenhasse em ouvir não só as palavras, mas o que havia por trás delas. Aprendi a ouvir com o coração.

– E como você transferiu isso para sua vida profissional?

– Ao observar as mudanças no meu relacionamento com Margaret, compreendi o valor dessa nova atitude e percebi que isso também deveria servir à boa liderança. O presidente Woodrow Wilson dizia: "A voz do povo deve ressoar nos ouvidos de um líder." Durante alguns anos, sempre que estava em uma reunião, escrevia um grande "O" no topo do meu bloco de anotações para me lembrar de ouvir. Com o tempo, dominei essa habilidade.

Se você já for um bom ouvinte, tem uma vantagem. Tudo o que precisa fazer é ouvir "entre as linhas" em busca de pistas que lhe dirão como os outros se sentem. Se for parecido com John, talvez leve algum tempo para conseguir escutar com o coração. Porém, qualquer um pode aprender – não precisa ser um psicólogo treinado!

John: Um momento de aconselhamento

Se você é um péssimo ouvinte, como eu era, faça o seguinte para se transformar em alguém que escuta com o coração:

Concentre-se na pessoa

Herb Cohen, considerado um dos melhores negociadores do mundo, diz: "Para se ouvir de forma eficiente é preciso mais do que escutar as palavras que são ditas. É necessário compreender e descobrir o significado do que está sendo falado. Afinal de contas, o significado não está nas palavras, e sim nas pessoas." Muitos se concentram nas idéias que são comunicadas e parecem quase se esquecer da pessoa com quem estão conversando. Não se pode fazer isso e ouvir com o coração ao mesmo tempo.

Sou por natureza muito impaciente, de modo que preciso lutar contra a tendência de colocar minhas questões em primeiro lugar. Creio que esse seja o problema dos maus ouvintes. Se for o seu caso, acalme-se e coloque a pessoa em primeiro lugar. Concentre-se no indivíduo, e não nas idéias que estão sendo expostas.

Destampe seus ouvidos

Mesmo depois de se concentrar na pessoa com quem está conversando, talvez você ainda encontre obstáculos para ouvir de forma eficiente. Eis alguns deles:

Distrações: telefonemas, tevê, bipes e coisas desse tipo podem dificultar bastante o ato de ouvir bem.

Atitude defensiva: Se você enxergar reclamações ou críticas como ataques pessoais, pode assumir uma atitude defensiva. À medida que começar a se proteger, vai se importar menos com o que as outras pessoas pensam e sentem.

Mente fechada: Quando pensa que possui todas as respostas, você fecha sua mente. E acaba fechando os ouvidos também.

Projeção: Atribuir automaticamente os seus próprios pensamentos e sentimentos a outras pessoas impede que você perceba como elas se sentem.

Suposições: Quando você faz julgamentos precipitados, está se privando do seu próprio incentivo para ouvir.

Orgulho: Achar que os outros não têm muito a ensinar talvez seja a mais prejudicial das distrações. A presunção deixa pouco espaço para a opinião do próximo.

Obviamente, seu objetivo é superar esses obstáculos. Sempre que possível, escolha um ambiente apropriado para as suas conversas – longe de barulhos e distrações. Tente criar também um bom ambiente mental para ouvir, deixando de lado suas defesas e idéias preconcebidas e mantendo-se *aberto* à comunicação.

OUÇA AGRESSIVAMENTE

Há uma diferença entre ouvir passivamente e ouvir agressivamente. Para ouvir com o coração, sua audição tem de ser ativa. No livro *Este barco também é seu: Práticas inovadoras de gestão que levaram o* USS Benfold *a ser o melhor navio de guerra da Marinha americana*, o capitão Michael Abrashoff explica que as pessoas tendem mais a falar agressivamente do que a escutar agressivamente. Quando decidiu se tornar um ouvinte ativo, isso fez uma grande diferença para ele e para sua tripulação. Ele escreveu:

> Não custei a perceber que minha jovem tripulação era inteligente, talentosa e repleta de boas idéias que freqüentemente não davam em nada, pois nenhum superior parava para escutá-la. Como a maioria das organizações, a Marinha parecia colocar seus administradores em modo de transmissão, o que minimizava sua receptividade. Eles tinham sido condicionados a divulgar ordens vindas de cima, e não a acolher sugestões de baixo.
>
> Decidi que minha tarefa era ouvir agressivamente e aproveitar cada idéia boa que a tripulação oferecesse para melhorar o funcionamento do navio. Alguns tradicionalistas podem achar isso heresia, mas, na verdade, é bom senso. Afinal de contas, as pessoas que metem a mão na massa em um navio muitas vezes percebem coisas que os oficiais não vêem. Acredito que o capitão está sendo sensato ao se esforçar para ver o navio através dos olhos da tripulação. Essas entrevistas fizeram algo mudar em mim. Passei a respeitar imensamente a tripulação. Ela já não era composta de corpos sem nome para os quais eu gritava ordens. Percebi que aquelas pessoas... tinham esperanças, sonhos, entes queridos e precisavam acreditar que o que estavam fazendo era importante. E gostariam de ser tratadas com respeito.

À medida que a atitude de Abrashoff mudou, sua tripulação se transformou, seu navio passou por uma revolução e os resultados foram surpreendentes.

Ouça para compreender

A principal causa de quase todos os problemas de comunicação é que as pessoas não ouvem para entender o que está sendo dito; elas ouvem para responder. David Burns, médico e professor de psiquiatria na Universidade da Pensilvânia, explica com clareza essa questão: "O maior erro que você pode cometer ao tentar falar de maneira convincente é priorizar a expressão das suas idéias e dos seus sentimentos. O que a maioria das pessoas quer é ser ouvida, respeitada e compreendida." Se quiser suprir as necessidades das outras pessoas e fazer com que elas se sintam especiais e valiosas, precisa saber escutar.

Uma das ironias de se tornar um bom ouvinte é que, ao prestar atenção no que o outro tem a dizer e fazer com que ele se sinta compreendido, você acaba ganhando um interlocutor mais disposto a escutá-lo também. De acordo com Burns, "assim que as pessoas percebem que estão sendo compreendidas, sentem-se mais motivadas a entender o seu ponto de vista". Ouvir com o coração produz uma situação em que os dois lados saem ganhando.

Les: Colocando em prática

Poucos assuntos sobre relacionamento tiveram maior sustentação empírica do que a importância da audição ativa. Os psicólogos às vezes chamam essa habilidade de "ouvir com o terceiro ouvido". E a questão é que a maioria dos estudos demonstra exatamente o que John está ensinando. Quando ouvimos buscando um entendimento genuíno, já não estamos mais "fazendo o papel" de ouvintes. Estamos mergulhados de corpo e alma naquele momento, e o nosso interlocutor sabe disso.[1]

PARA APLICAR OS ENSINAMENTOS DE JOHN À SUA VIDA...

Pare:
De tentar expressar o seu ponto de vista e concentre sua energia em compreender o da outra pessoa.

Pergunte:
Como posso entender melhor o que essa pessoa está sentindo e pensando?

Faça:
Ouça agressivamente, eliminando as distrações e concentrando-se no ponto de vista do outro.

Lembre-se:
A melhor maneira de persuadir alguém é com seus ouvidos.

16

ENCONTRE A CHAVE PARA O CORAÇÃO DAS PESSOAS

Técnicos que sabem esboçar jogadas em um quadro-negro são fáceis de encontrar. Os que alcançam o sucesso são aqueles que calam fundo em seus jogadores e os motivam.

VINCE LOMBARDI

LES: APRESENTANDO O PRINCÍPIO

Muitas vezes, quando se faz uma palestra, acontece uma coisa curiosa. Você tem um objetivo claro em mente, prepara sua mensagem com atenção e a transmite. Porém, quando as pessoas vêm conversar com você sobre o que foi dito, cada uma delas parece ter ouvido uma mensagem diferente.

Perguntei a John se ele já se deparara com o mesmo fenômeno. "Sem dúvida", ele respondeu. "Quando comecei a pregar, fiquei surpreso. Costumava pensar que todos ouviam o mesmo sermão. Mas, de certa forma, não era o caso. Os membros da platéia interpretavam minhas palavras de modo diferente, pois as chaves para o coração de cada um são diferentes."

Por isso, John sempre tenta se conectar com o coração das pessoas. Uma vez estávamos juntos e ele encontrou Kirk Nowery, presidente de uma das suas empresas, a ISS. Muitas vezes, quando um líder encontra alguém que trabalha para ele, começa a falar imediatamente de negócios. Porém, a primeira coisa que John fez foi perguntar sobre a mulher e os filhos de Kirk. Só depois de colocarem a conversa em dia é que os dois começaram a falar de trabalho.

John faz isso intuitivamente com todos que conhece. Pergunta sobre os cônjuges e filhos de muitas pessoas pelo nome. Procura saber como estão indo seus negócios ou sua vida pessoal. E sempre parece se lembrar dos detalhes. Por quê? Porque tem como meta saber o que é importante para as pessoas que importam para ele. E, a propósito, John é capaz de fazer isso porque ouve com o coração, conforme explicamos no capítulo anterior.

John: Um momento de aconselhamento

Na década de 1980, tive o privilégio, junto com outros 30 líderes, de passar dois dias com o pai do gerenciamento moderno, Peter Drucker. Uma das coisas mais marcantes que ele disse foi: "Liderar pessoas é como reger uma orquestra. Há muitos músicos e instrumentos diferentes que o maestro deve conhecer perfeitamente." Drucker nos desafiou a conhecer *de verdade* os principais membros da nossa equipe.

Durante os últimos 20 anos, venho tentando propositalmente descobrir a chave para os corações das pessoas que fazem parte da minha vida, a começar pela minha família e por meu círculo de amigos íntimos. Eis o que aprendi até agora:

Aceite o fato de que as pessoas são diferentes

Já contei em outros livros como, quando era jovem, costumava pensar que todos deveriam ser como eu para alcançar o sucesso. Amadureci bastante desde então. Parte do meu crescimento resultou de viagens e encontros com vários tipos de pessoas. Com o tempo, compreendi que tenho grandes lacunas nas minhas habilidades, como qualquer um. Por isso, quando pessoas de talentos e temperamentos diferentes trabalham juntas, todos saem ganhando, e a produtividade é muito maior.

Se você tiver uma boa imagem de si próprio, pode cair na mesma armadilha que eu caí. No entanto, não vai conseguir cativar as pessoas se alimentar secretamente a crença de que todos deveriam ser mais parecidos com você. Aceite que as pessoas são diferentes e louve o fato de que Deus nos fez assim.

Encontre as chaves para o coração das pessoas fazendo perguntas

Pode parecer óbvio, mas fazer boas perguntas é essencial para descobrir a chave para o coração de uma pessoa. Ao longo dos anos, desenvolvi um questionário que me ajudou nessa tarefa inúmeras vezes. Talvez você possa usá-lo também:

> "Quais são seus sonhos?" – Você pode captar o que se passa na mente das pessoas observando o que elas já conquistaram, mas, para entender o coração delas, deve enxergar o que elas sonham em se tornar.
>
> "O que faz você chorar?" – Quando você compreende a dor das pessoas, fatalmente compreenderá o coração delas.
>
> "O que faz você feliz?" – Aquilo que traz alegria às pessoas geralmente é o que dá força a elas.
>
> "Quais são seus valores?" – Quando as pessoas lhe revelam seus valores, pode ter certeza de que você entrou na câmara mais sagrada do coração delas.
>
> "Quais são seus pontos fortes?" – Não importa o que as pessoas considerem seus pontos fortes, isso traz orgulho aos seus corações.
>
> "Como é o seu temperamento?" – Se conseguir descobrir isso, você provavelmente encontrará o caminho para o coração das pessoas.

Obviamente, essas perguntas não devem ser feitas como numa entrevista, e não há necessidade de conseguir todas as respostas de uma vez só. O processo pode ser ao mesmo tempo natural e intencional.

Estabeleça uma base comum

Líderes eficientes, palestrantes e comunicadores sempre encontram alguma afinidade com aqueles a quem se dirigem. É isso o que os liga aos outros. Às vezes, em uma reunião, interesses ocultos podem tornar a comunicação ineficiente, pois fazem com que seja difícil se chegar a um consenso. Se isso acontecer, tente sugerir que todas as partes concordem com uma regra básica. Quando uma pessoa discordar de alguém, antes de expressar seu ponto de vista, ela deve compreender e ser capaz de expor o ponto de vista do outro. Você vai se surpreender ao notar como essa prática estabelece rapidamente uma base comum para todos.

ENTENDA QUE AS PESSOAS MUDAM COM O PASSAR DO TEMPO

Para algumas pessoas, é um grande passo entrar em sintonia com os sonhos e desejos do próximo e descobrir as chaves para o seu coração. Porém, não basta fazer isso uma vez e achar que está tudo resolvido para sempre. O tempo muda tudo, inclusive o coração humano.

O que serve para motivar as pessoas em um determinado ponto de suas carreiras não vai funcionar necessariamente no futuro. O que toca o coração delas em uma determinada fase da vida talvez não o faça à medida que envelhecem. Sucessos e fracassos, tragédias e triunfos, objetivos alcançados e sonhos abandonados têm um impacto nos valores e desejos das pessoas.

Então, o que isso significa para quem quer encontrar a chave para o coração das pessoas? Significa que é preciso...

CONTINUAR CONVERSANDO COM AS PESSOAS. Mantenha-se em contato com o coração delas e pergunte o que tem mexido com seus sentimentos. Se a resposta for diferente agora, é porque as pessoas estão mudando, e você tem uma nova oportunidade de descobrir o que é importante para elas atualmente.

BUSCAR "INDICADORES DE MUDANÇA" NA VIDA DE UMA PESSOA. Existem alguns momentos na vida das pessoas que são propícios a grandes mudanças: (1) quando elas se *magoaram* tanto que *precisam* mudar, (2) quando *aprenderam* tanto que *querem* mudar e (3) quando *receberam* tanto que *podem* mudar.

Se seguir essas dicas, você será capaz de se manter conectado com as pessoas, mas o conselho mais importante que tenho para lhe dar é o seguinte: quando encontrar a chave para o coração de uma pessoa, aja com integridade, pois estará de posse de algo muito valioso. Jamais utilize esse conhecimento de forma manipuladora. "Gire" a chave apenas quando puder agregar valor a essa pessoa.

Les: Colocando em prática

Preocupar-se de modo genuíno com o próximo é mais um estilo de vida do que uma técnica. É claro que você pode seguir as dicas de John e tirar proveito delas imediatamente, porém elas não vão influir de fato nos seus relacionamentos se não forem praticadas de forma consistente. As pesquisas demonstram que é mais provável que essa habilidade se torne parte da sua personalidade se você a praticar diariamente e passar a exercê-la de forma inconsciente com as pessoas ao seu redor.[1]

PARA APLICAR OS ENSINAMENTOS DE JOHN À SUA VIDA...

Pare:
De dar ouvidos à sua tendência de achar que todos são (ou deveriam ser) iguais a você.

Pergunte:
Que "indicadores de mudança" vejo nessa pessoa cujo coração desejo compreender?

Faça:
Tente descobrir as chaves para o coração das pessoas que lhe são mais próximas.

Lembre-se:
Líderes de sucesso são aqueles que compreendem o coração dos membros da sua equipe.

17

SEJA O PRIMEIRO A AJUDAR

Depois de "amar", "ajudar" é o verbo mais bonito do mundo.

BERTH VON SUTTNER

LES: APRESENTANDO O PRINCÍPIO

– Les, onde você está?

– Estou entrando no estacionamento – falei.

– Qual é a cor do carro que você alugou?

– Prateado – disse para John no celular.

– O.k., estou vendo o carro. Pegue a primeira à direita e verá uma vaga que está sendo desocupada.

– Onde você está?

– Olhe para cima – ele estava na sacada de um apartamento alugado na ilha Coronado, em San Diego, e eu tinha acabado de chegar de viagem e alugara um carro no aeroporto para ir me encontrar com ele.

– Ah, aí está você! – comecei a rir ao vê-lo acenando para mim. Só John, mesmo, pensaria em procurar uma vaga lá de cima para me ajudar a estacionar.

Ser prestativo é essencial para estabelecer bons relacionamentos. Essa é uma das primeiras lições que você aprende em qualquer aula de psicologia social. Mas John vai além. Ele muda seus planos pelos outros e é o primeiro a oferecer ajuda.

"John faz um esforço consciente para ajudar os outros. Muitas vezes, quando estamos viajando juntos, vejo pequenas coisas que ele faz, como colocar as malas de alguém no bagageiro, enquanto a maioria das pessoas está pouco se importando", explica um de seus funcionários, Ken Coleman.

John: Um momento de aconselhamento

O conferencista e autor Zig Ziglar, meu grande amigo, diz: "Você pode conseguir tudo o que quiser na vida se ajudar um número suficiente de pessoas a conseguir o que elas querem." Zig é a prova viva disso. Ele ajudou muitas pessoas e, conseqüentemente, tem sido um homem de sucesso.

Eu gosto de ajudar as pessoas. Acredito que é uma das razões por que Deus nos colocou aqui na Terra. Mas ser prestativo não beneficia apenas os outros; faz com que você construa bons relacionamentos. Sempre que você se prontifica a ajudar alguém, está deixando sua marca registrada. É uma espécie de cartão de visitas inesquecível.

Então como se tornar uma pessoa que é sempre a primeira a ajudar? Siga as instruções:

Faça com que ajudar os outros se torne uma prioridade

Geralmente estamos tão ocupados e cheios de problemas que ajudar os outros nunca está em primeiro plano. A solução é fazer com que ajudar seja parte dos seus compromissos – e uma prioridade. Li recentemente sobre o comportamento extraordinário de Tom Hanks no set de *À espera de um milagre*. O diretor do filme, Frank Darabont, falou sobre o empenho de Hanks em ajudar o ator estreante Michael Duncan a fazer o seu melhor e sobre a impressão que isso lhe causou. Darabont disse:

> O que vou lembrar daqui a 15, 20 anos a respeito da filmagem de *À espera de um milagre*? Estávamos filmando uma seqüência, com a câ-

mera primeiro em Michael Duncan, mas me dei conta de que Hanks estava me distraindo. Hanks estava fazendo uma atuação digna de um Oscar, fora das câmeras, para Duncan – para lhe dar todos os subsídios possíveis a fim de que atuasse da melhor forma possível. Ele queria que Michael se saísse muito bem. Queria que ele causasse uma ótima impressão. Nunca vou me esquecer disso.[1]

Tom Hanks, como alguns outros atores de Hollywood, poderia ter sido o primeiro a deixar o colega na mão. Em vez disso, foi o primeiro a ajudá-lo. Isso obviamente rendeu frutos. Em 1999, Michael Clarke Duncan foi indicado para o Oscar de melhor ator coadjuvante. E, desde então, sua carreira decolou.

Perceba as necessidades das outras pessoas

Isso pode parecer óbvio, mas você não será capaz de satisfazer um desejo se não souber que ele existe. A primeira coisa que cada um de nós deve fazer é se importar com as pessoas e saber quais são as necessidades delas. Às vezes, é preciso ouvir com o coração. Outras vezes, basta prestar atenção ao que está acontecendo à sua volta. Ou então, colocar-se mentalmente no lugar da outra pessoa.

Existe uma lenda judaica que conta que dois irmãos compartilhavam uma plantação e um moinho. Dividiam todas as noites os grãos que haviam moído durante o dia. Um dos irmãos vivia sozinho; o outro era casado e tinha uma família numerosa.

Um dia, o irmão solteiro pensou: "Não é justo dividirmos os grãos pela metade, pois meu irmão tem filhos para alimentar." Então, todas as noites ele levava escondido um pouco da sua farinha para o depósito do irmão.

Porém, o irmão casado ponderou sobre a situação do outro e disse a si mesmo: "Não é justo dividirmos os grãos pela metade, pois tenho crianças que irão cuidar de mim quando for velho, enquanto meu irmão não tem ninguém. O que vai fazer quando envelhecer?" Então, todas as noites ele levava escondido um pouco da sua farinha para o depósito do irmão. Assim, os dois encontravam seus suprimentos misteriosamente reabastecidos toda manhã.

Então, uma noite, se encontraram no caminho entre as duas casas. Logo um percebeu o que o outro estava fazendo e se abraçaram com afeto. A lenda diz que Deus presenciou o encontro e proclamou: "Este é um lugar sagrado – um lugar de amor – e é aqui que meu templo deve ser erguido." Consta que o primeiro templo foi construído naquele exato local.[2]

Esteja disposto a se arriscar

Às vezes, ajudar uma pessoa pode ser um negócio arriscado, porém isso não deve nos impedir de estender a mão ao outro. Ao contar uma história passada nos jogos olímpicos de 1936, em Berlim, Ken Sutterfield ilustra o impacto que se pode causar ao correr esse tipo de risco. Antes das olimpíadas, o corredor americano Jesse Owens estabeleceu três recordes mundiais em um dia, incluindo um salto de 8,13 metros na prova de salto a distância – recorde que não seria quebrado por 25 anos. Porém, Owens sofreu uma grande pressão durante os jogos. Hitler e seus camaradas nazistas queriam usar a competição para consagrar a superioridade ariana, e Owens, negro, podia sentir a hostilidade que o cercava.

Durante os saltos classificatórios para as finais, ele ficou inquieto ao ver um alemão alto, louro e de olhos azuis dando saltos de reconhecimento na casa dos 7,9 metros. Em sua primeira tentativa, Owens passou vários centímetros da tábua de salto. Também queimou na segunda vez. Tinha mais uma chance. Se falhasse, seria eliminado.

O alemão alto se aproximou de Owens. Seu nome era Luz Long. Sob os olhos dos nazistas, Long incentivou Owens e lhe deu um conselho: como a distância classificatória era de apenas 7,15 metros, ele sugeriu que o concorrente pulasse vários centímetros antes da tábua para não queimar o salto. Owens se classificou no terceiro salto. Nas finais, ele estabeleceu um recorde olímpico e ganhou quatro medalhas de ouro. E quem foi o primeiro a lhe dar os parabéns? Luz Long!

Owens nunca se esqueceu da ajuda de Long, embora jamais o tenha encontrado novamente. "Poderia derreter todas as medalhas e taças que ganhei", ele escreveu, "mas elas não bastariam para revestir a amizade de 24 quilates que sinto por Luz Long."[3]

Se você começou a ajudar, continue ajudando

O magnata da indústria e filantropo Andrew Carnegie foi abordado por membros da Sociedade Filarmônica de Nova York, uma das instituições que ele mais gostava de ajudar, em busca de apoio financeiro. Quando estava prestes a assinar um cheque para liquidar toda a dívida da Sociedade, ele se deteve. "Com certeza, existem outros amantes da música ricos, generosos e dispostos a ajudar", ele disse. "Por que vocês não levantam metade dessa quantia e voltam a me procurar para receber a outra metade?", pediu.

No dia seguinte, o tesoureiro voltou dizendo que levantara 30 mil dólares e contava agora com a colaboração de Carnegie. O patrono das artes ficou feliz com o sucesso da empreitada e entregou imediatamente o cheque que prometera. Mas estava curioso:

–Você pode me dizer quem contribuiu com a outra metade?

– A Sra. Carnegie – foi a resposta.

Às vezes, quando somos os primeiros a ajudar, descobrimos que a pessoa a quem estendemos a mão não está tão necessitada quanto tínhamos imaginado. Continue dando seu apoio assim mesmo. Ser o primeiro a ajudar é uma excelente estratégia para conquistar as pessoas. Por outro lado, oferecer ajuda e depois voltar atrás irá, com certeza, arruinar seus relacionamentos.

Les: Colocando em prática

Estudos sobre o altruísmo não param de ganhar espaço nas publicações acadêmicas. Se existe uma coisa que os psicólogos sabem é que ser prestativo aproxima as pessoas – principalmente se você for o *primeiro* a ajudar. E, nas palavras de John, ajudar o próximo diz muito sobre você.[4]

PARA APLICAR OS ENSINAMENTOS DE JOHN À SUA VIDA...

Pare:
De se preocupar apenas com seus problemas e pense em como você pode oferecer ajuda.

Pergunte:
Como posso ajudá-lo?

Faça:
Seja o primeiro a oferecer seus serviços, ajudar ou dar uma mãozinha.

Lembre-se:
Se ajudar um número suficiente de pessoas a conseguir o quer, você conseguirá o que quer também.

18

AGREGUE VALOR ÀS PESSOAS

Não tente se tornar um homem de sucesso,
e sim um homem de valor.
ALBERT EINSTEIN

LES: APRESENTANDO O PRINCÍPIO

Já ouvi John falar para todo tipo de platéia ao redor do mundo, e um tema recorrente em suas palestras é a importância de contribuir para aumentar o valor das pessoas. Ele mantém o foco no valor agregado – a ele por outras pessoas e por ele a outras pessoas. É uma de suas marcas registradas.

Em uma de nossas conversas, Dan Reiland confirmou que isso se transformou no principal objetivo de vida do amigo.

– John valoriza as pessoas de diversas maneiras. Leva membros de sua equipe para conferências e programas de treinamento visando ao desenvolvimento deles. Reserva tempo para aconselhar e orientar pessoalmente seus colaboradores. Dá ao seu time liberdade para arriscar e obter sucesso, assim como espaço para errar e aprender. E também valoriza seu pessoal pagando bons salários.

– E o que ele fez para valorizar você? – perguntei a Dan.

– Eu poderia fazer uma lista – ele brincou. E realmente fez:

Acreditou em mim.
Sempre falou a verdade por amor a mim.

Fez com que eu chegasse longe – não deixando que me acomodasse nem exigindo mais do que meu talento permite.
Abriu o mundo para mim ao me proporcionar viagens ao exterior.
Foi um modelo de liderança tanto nas horas difíceis quanto nos momentos alegres.
Elogiou publicamente o meu desempenho mais do que eu merecia.
Abriu portas na minha vida que eu jamais teria aberto sozinho.
Demonstrou claramente que meus interesses eram prioritários para ele.
Permitiu que eu fizesse parte de seu círculo íntimo.
Tratou-me como um irmão caçula – uma dádiva inestimável.

Dan afirmou que sua vida – sua carreira, suas qualidades, seus relacionamentos – teria sido totalmente diferente se não tivesse conhecido John.

– Nas últimas duas décadas, ele vem agregando valor à minha vida a cada passo do caminho. Como se mede uma coisa dessas?

John: Um momento de aconselhamento

Acredito que nada na vida é mais importante do que as pessoas. Por isso, tento viver integralmente essa verdade – o que significa fazer todo o possível para dar valor aos outros. Se quiser fazer o mesmo, tenha em mente o seguinte:

Valorize as pessoas

Tudo começa com sua atitude em relação às pessoas. Como diz Les Giblin, um grande especialista em relações humanas: "Você nunca conseguirá fazer o outro se sentir importante se, lá no íntimo, pensa que ele não é ninguém." E não é verdade? Você não sente dificuldade de fazer uma gentileza para alguém de quem não gosta?

A maneira como vemos as pessoas geralmente determina se iremos manipulá-las ou motivá-las. Se não queremos ajudá-las mas queremos que elas nos ajudem, temos um problema. Manipulamos os outros quando os usamos em benefício *próprio*. No entanto, nós os motivamos quando estamos em busca de um benefício *mútuo*. Dar valor às pessoas costuma ser uma boa saída – um jeito de todos saírem ganhando.

Como você vê as pessoas? Como talentos a serem incentivados e valorizados ou meros obstáculos no seu caminho para o sucesso? O escritor Sydney J. Harris disse certa vez: "As pessoas querem ser apreciadas, e não impressionadas. Querem ser vistas como seres humanos, e não como amplificadores do ego dos outros. Querem ser tratadas como um fim em si mesmas, e não como um meio para alimentar a vaidade alheia." Se quiser agregar valor às pessoas, você deve primeiro valorizá-las.

Torne-se mais valioso

Já discutimos a frase "você não pode dar o que não tem". Existem pessoas que têm bom coração e o desejo de dar, porém elas possuem muito pouco a oferecer. Por quê? Porque não agregaram valor a si mesmas em primeiro lugar. Tornar-se mais valioso não é uma atitude egoísta. Quando você adquire conhecimento, aprende uma nova habilidade ou ganha experiência, não está apenas aprimorando a si mesmo, mas também aumentando sua capacidade de ajudar o próximo.

Em 1974, me comprometi a investir no meu crescimento pessoal. Sabia que isso me tornaria um pastor melhor, de modo que comecei a ler inúmeros livros, ouvir fitas, ir a conferências e aprender com grandes líderes. Naquela época, não fazia idéia de como esse compromisso com minha formação seria fundamental nos meus relacionamentos. Porém, foi isso que aconteceu. Ao me aperfeiçoar, pude contribuir para o desenvolvimento dos outros. E quanto mais cresço, maior é a minha capacidade de ajudar as pessoas ao meu redor. O mesmo acontecerá com você. Se quiser agregar valor às pessoas, precisa se tornar mais valioso.

Saiba o que as pessoas valorizam

Depois de ler os capítulos "Ouça com o coração" e "Encontre a chave para o coração das pessoas", você já tem uma boa idéia do princípio por trás dessa prática. Se está tentando implementar esse ensinamento em sua vida, sabe que isso pode consumir muito tempo. Mas também deve estar ciente de como esse passo é significativo na construção de bons relacionamentos. Quando sabemos o que os outros valorizam, podemos, com um pouco de esforço, contribuir para a valorização deles.

Criei o hábito de anotar o que é importante para as pessoas ao meu redor, e você deveria fazer o mesmo. Eis alguns exemplos pessoais:

Margaret, minha mulher, valoriza o tempo que passo ao seu lado e a atenção que dedico a ela.

Elizabeth e Joel Porter, meus filhos, valorizam o legado que Margaret e eu estamos deixando para eles.

Larry, meu irmão, valoriza minhas orações e o tempo que passamos juntos.

Eric e Troy, meus sobrinhos, valorizam os conselhos de pai e o amor incondicional que lhes ofereço.

Linda, minha assistente, valoriza meu tempo e minha eficiência, pois ela os compartilha comigo.

John, presidente da minha organização sem fins lucrativos, a EQUIP, valoriza minha liderança e as oportunidades que dou a ele.

Kirk, presidente da minha outra empresa, a ISS, valoriza minha amizade e nossa parceria.

Tom valoriza minha amizade e meus conselhos.

Rick valoriza a relação de "irmão mais velho" que temos.

Joel valoriza a oportunidade de usufruir minha rede de relacionamentos.

A questão fundamental é que temos de nos dar ao trabalho de descobrir o que as pessoas mais valiosas da nossa vida valorizam.

A propósito, agregar valor às pessoas não é uma dádiva apenas para elas, mas para você também. Os amigos e colaboradores que listei estão sempre agregando valor à minha vida. Alguns me deram tanto que não importa quanto eu faça por eles, jamais conseguirei quitar minha dívida.

Les: Colocando em prática

Ao ajudar o próximo a viver uma vida melhor ou alcançar seu potencial, você sempre sai ganhando.

PARA APLICAR OS ENSINAMENTOS DE JOHN À SUA VIDA...

Pare:
De tentar se tornar uma pessoa de sucesso e torne-se uma pessoa de valor.

Pergunte:
Quem agrega valor à minha vida, e a quem eu mais gostaria de agregar valor?

Faça:
Uma lista das pessoas importantes na sua vida e escreva o que exatamente elas mais valorizam em você.

Lembre-se:
Se você não valorizar de verdade uma pessoa, ela jamais se sentirá importante na sua presença.

19

LEMBRE-SE DA HISTÓRIA DE ALGUÉM

Muitos homens prefeririam que suas histórias fossem ouvidas a terem seus pedidos atendidos.

PHILLIP STANHOPE, CONDE DE CHESTERFIELD

LES: APRESENTANDO O PRINCÍPIO

– Les – John diria –, conte-me sobre o seu pai. Ele e sua mãe estão felizes em Phoenix?

Seria típico de John se lembrar de que meus pais se mudaram recentemente.

– E seus irmãos? – ele prosseguiria. – Está tudo bem com eles?

John sempre se lembra de fatos da minha vida e se interessa pela minha história. Ele faz isso com freqüência e sistematicamente. Quando conhece uma pessoa, costuma pedir que ela conte um pouco mais sobre si mesma. Por isso, acabou se transformando num colecionador de histórias.

– Adoro uma boa história, não importa se é algo que estou descobrindo sobre alguém que acabei de conhecer ou uma aventura de um amigo de toda a vida. Na verdade, quando passo um tempo com meu pai, que está com 82 anos, sempre contamos histórias. Conversamos sobre novidades, mas, freqüentemente, as histórias são as mesmas que já ouvi dezenas de vezes. Algumas delas papai adora repetir. Outras, peço que ele conte. E há as que adoro recontar.

– Mas você parece realmente se empenhar em saber a história de vida dos outros – comentei.

– É verdade, pois sei que, quando peço para uma pessoa me falar sobre sua vida, estaremos concentrados somente nela, nos seus interesses, sonhos, decepções, questões, esperanças, no caminho que ela percorreu. Ela fica feliz por receber atenção, e eu tenho acesso às chaves da sua vida. Aprender a história de alguém é um excelente modo de criar um vínculo entre nós dois. Lembrar-se da sua história é a melhor maneira de desenvolver um relacionamento forte.

– Um dia desses, peguei um táxi do aeroporto de San Diego até Coronado e vim conversando com o motorista – disse John. – O nome dele era Raphael. Perguntei sobre a sua história, e ele me contou que morava em Coronado havia 35 anos e que tinha encontrado lá algo que transformara sua vida: uma comunidade. Todas as tardes ele se reunia com os amigos no mercado local, para conversarem e se divertirem. Ele ficou tão feliz por eu ter me interessado por sua história que me convidou para ir ao mercado.

Isso mostra como você pode criar um ótimo vínculo em pouco tempo simplesmente pedindo que os outros falem sobre si mesmos. E imagine a impressão que vai causar quando se lembrar de suas histórias: isso vai ajudá-lo a se conectar com as pessoas rapidamente.

John: Um momento de aconselhamento

Existem muitos bons motivos para se interessar pela história dos outros. Abaixo, listo alguns deles:

Perguntar sobre a história de vida de uma pessoa equivale a dizer: "Você pode ser especial."

Lembrar-se da história de uma pessoa equivale a dizer: "Você é especial."

Recordar uma pessoa da sua própria história é o mesmo que dizer: "Você é especial para mim."

Contar a história de uma pessoa para amigos e colegas é o mesmo que dizer: "Você deve ser especial para os outros."

O resultado? Você se torna especial para a pessoa que compartilhou sua trajetória com você. Na verdade, para adotar essa prática, basta executar três pequenos passos:

1. PERGUNTE

Quando conhecer uma pessoa, depois das apresentações e trocas de gentilezas, não hesite. Mergulhe de cabeça e peça para ouvir a história dela. Você pode perguntar sem rodeios: "Qual é a sua história?" Pode pedir que ela fale sobre si mesma. Ou perguntar de onde ela vem ou como entrou no ramo em que está. Use o seu próprio estilo.

Se você nunca fez algo assim antes e tem medo de parecer artificial, pratique com pessoas que provavelmente nunca vai encontrar de novo – um motorista de táxi, um desconhecido num avião, uma garçonete.

2. OUÇA

Há alguns anos, descobri uma lista de sugestões numa revista para se tornar um bom ouvinte. Aqui vão algumas dicas:

Olhe a pessoa que está falando nos olhos.

Seja atencioso – não revire os olhos nem faça caretas quando não concordar com algo que ouvir.

Não interrompa – tente usar expressões como "continue", "entendo", em vez de "ah, isso me lembra que...".

Diga ao seu interlocutor o que você acha que ouviu; comece dizendo: "Deixe-me ver se eu entendi..."

O principal é se concentrar em quem está falando. O problema de muitas pessoas é que, enquanto o outro está falando, elas estão mais preocupadas com o que querem dizer do que atentas ao que estão ouvindo. Quando você dá atenção exclusiva ao outro, está pronto para efetuar o próximo passo.

3. Lembre-se

Algumas pessoas têm jeito com números, outras com nomes e rostos. Porém, quase todo mundo tem capacidade de se lembrar de histórias – e elas vêm sendo recitadas e cantadas de memória por milhares de anos. Mesmo histórias longas como a Ilíada e a Odisséia – que teriam sido criadas há quase 3 mil anos – foram cantadas por três séculos antes de ser colocadas no papel. As histórias permanecem com a gente.

Se nos importarmos com as pessoas, se realmente as ouvirmos e tentarmos nos lembrar das suas histórias, podemos causar um impacto positivo na vida delas. E podemos fazer com que se sintam valiosas.

Les: Colocando em prática

Os pesquisadores o chamam de "roteiro de comprometimento". Ele é uma parte especialmente significativa e íntima da vida de uma pessoa. Minha própria experiência e diversos estudos demonstram que, quando você se dá ao trabalho de explorá-lo e de se lembrar da história dos outros, consegue estabelecer um vínculo extremamente valioso.[1]

PARA APLICAR OS ENSINAMENTOS DE JOHN À SUA VIDA...

Pare:
De contar a sua própria história e ouça as histórias dos outros.

Pergunte:
Qual é a sua história?

Faça:
Algum comentário sobre a história de uma pessoa na próxima vez que a encontrar.

Lembre-se:
Todo mundo adora contar a sua história.

20

CONTE UMA BOA HISTÓRIA

O universo é feito de histórias, não de átomos.
MURIEL RUKEYSER

LES: APRESENTANDO O PRINCÍPIO

Vi John em frente ao aeroporto de Seattle e estacionei para apanhá-lo. Joguei a mala dele no banco de trás do jipe e fomos para o hotel antes da palestra que iríamos dar. Chegamos depois de alguns minutos e, quando passávamos pelo lobby, John falou:

"Espere um segundo. Quero lhe contar uma história." Ele me levou por um corredor e entramos em uma sala de reuniões, com uma grande mesa no meio. "Este lugar é muito especial para mim. Eu estava sentado ali quando a ISS se transformou na empresa que é hoje", John começou a falar, referindo-se a uma de suas organizações. Apontou as cadeiras uma a uma e explicou quem estivera sentado nelas. Então, contou tudo o que acontecera naquele dia: como tinha vindo se aconselhar com um importante executivo; como transformara um antigo sonho em realidade; e como tinha convencido aquele líder a participar da empreitada.

Consegui visualizar toda a cena e sentir seu entusiasmo. "Les, retornar a um local em que algo de bom aconteceu sempre renova a gratidão que sinto", John acrescentou.

Essa história calou fundo em mim. Hoje, oito anos depois desse episódio, ela ainda me vem à memória quando passo por aquele hotel. Na época, foi um importante momento de conexão entre mim e John. Ele abriu seu coração, compartilhando comigo seus sonhos e sua história pessoal. Isso fez com que eu me sentisse bem – e ainda faz.

Como palestrante, gosto de observar como as pessoas falam para uma platéia. John sempre conta vários casos e diz que o motivo é simples: "As histórias ficam, os princípios são esquecidos. Se quiser que as pessoas se lembrem do que você disse, conte uma história."

John: Um momento de aconselhamento

No outono de 1999, Margaret, alguns amigos e eu visitamos a pequena cidade de Jonesborough, no estado do Tennessee. Mais de 7 mil pessoas de todo o país, muitas pagando caro por isso, viajaram até lá para ficarem sentadas em cobertores, cadeiras dobráveis, às vezes na chuva. Por quê? Para assistir ao Festival Anual de Histórias.

As histórias eram variadas – tristes, engraçadas, sentimentais, reais, ficcionais, míticas. Algumas traziam ótimas mensagens, outras simplesmente entretinham. Porém, todas elas e todos os contadores tinham algo em comum: o poder de cativar os ouvintes.

No fim do festival, meus amigos e eu discutimos por que aqueles contadores de histórias eram tão bons. "Quais são as características que fazem com que tenham tanto sucesso?", nos perguntamos. Seguem abaixo minhas observações:

Entusiasmo – Eles gostavam do que estavam fazendo e se expressavam com alegria e vitalidade.

Animação – Os participantes se valiam de expressões faciais e gestos animados.

Participação da platéia – Quase todos os contadores de histórias buscavam envolver a platéia de alguma forma, pedindo que cantasse, batesse palmas, repetisse frases, acenasse ou fizesse sinais com as mãos.

Espontaneidade – Eles respondiam livremente aos ouvintes.

Memorização – Não consultavam qualquer anotação, o que permitia que fizessem contato visual com o público.

Humor – Mesmo nas histórias sérias e tristes havia um toque de humor.

Criatividade – Temas clássicos eram abordados sob uma nova perspectiva.

Personalização – A maior parte das histórias era contada na primeira pessoa.

Emoção – As histórias faziam com que as pessoas se sentissem bem.

Contar histórias é muito eficiente em todas as situações, quando você está sozinho com um amigo, em pequenos grupos e diante de grandes platéias. Invariavelmente, a pessoa que conta as melhores histórias é a que recebe mais atenção.

A habilidade de contar histórias se desenvolve com a prática. Se você não tiver muita experiência nisso ou quiser se aprimorar, posso lhe dar algumas dicas:

Compartilhe algo que você vivenciou

As melhores histórias são aquelas que vivenciamos. Elas são importantes para nossa vida, nós as conhecemos de trás para a frente e sabemos como nos afetaram. E podemos embelezá-las à vontade. Todos têm experiências que podem interessar às outras pessoas.

Conte a história com o objetivo de estabelecer vínculos

As pessoas que se saem pior quando contam histórias são aquelas que tentam impressionar os outros. Se você é assim, mude de atitude. Relate suas experiências com o objetivo de estabelecer vínculos pessoais. Concentre-se no ouvinte, e suas habilidades de contador de histórias irão progredir de uma hora para outra.

Coloque seu coração na história

As pessoas adoram humor, mas nem todos sabem dar vida a uma história engraçada. Se você sabe, aproveite. Porém, nunca subestime o poder de uma história contada com o coração. (Prova disso é o sucesso internacional da série *Histórias para aquecer o coração*!) Se quiser contar uma história que crie fortes laços pessoais, conte-a com afeto. Coloque o seu coração nela. E não tenha medo de mostrar às pessoas que você se importa com o que está dizendo.

Presuma que as outras pessoas querem ouvir a sua história

Um dos maiores erros cometidos por contadores de histórias iniciantes é titubear. Nada acaba mais rápido com uma história do que uma retórica acanhada. Seja ousado. Seja enérgico. Seja cativante. Vá fundo, ou nem comece.

Li que a "elite" costumava criticar o presidente Lincoln por contar muitas histórias. Porém, isso não o intimidou, pois ele sabia que funcionava com a maioria da população: "Dizem que conto histórias demais. Reconheço que sim. Porém, a experiência me ensinou que, de modo geral, é mais fácil informar o povo por meio de relatos ilustrativos do que de qualquer outra forma. E não me importo com o que pensam os poucos indivíduos hipercríticos."

Siga o exemplo de Lincoln e de outros grandes líderes. Conte uma boa história, cative o coração das pessoas e conquiste-as.

Les: Colocando em prática

Pesquisas sustentam o valor de ser capaz de exprimir os próprios pensamentos e idéias por meio de histórias. Na verdade, um estudo recente revelou que os indivíduos que usam histórias para ajudar no relacionamento com outras pessoas geram mais autenticidade e auto-estima. A expressividade deles faz com que os outros se sintam bem. E isso acaba fazendo com que eles se sintam melhor consigo mesmos no processo.[1]

PARA APLICAR OS ENSINAMENTOS DE JOHN À SUA VIDA...

Pare:
De tentar ser um contador de histórias profissional.

Pergunte:
Como posso transmitir melhor o meu ponto de vista por meio de uma história?

Faça:
Conte uma história em vez de apenas relatar fatos.

Lembre-se:
Histórias ficam – princípios são esquecidos.

21

DÊ SEM SE PREOCUPAR EM RECEBER

A questão mais persistente e importante da vida é:
O que você está fazendo pelo próximo?
MARTIN LUTHER KING, JR.

LES: APRESENTANDO O PRINCÍPIO

Quando vou visitar John em seu escritório em Atlanta, sempre encontro Linda Eggers, sua assistente. Em uma visita recente, eu lhe perguntei quem poderia ser uma boa fonte de histórias sobre a importância que John atribuía ao ato de dar sem se preocupar em receber.

– Que tal eu? – disse Linda, começando a contar uma história depois da outra. Porém, uma em particular parecia ter um significado especial para ela. Ocorrera quando sua filha mais nova, Kim, estava prestes a se formar na escola secundária, e sua filha do meio, Jennie, que morava na Califórnia, acabara de dar à luz em circunstâncias difíceis. E tudo isso tinha coincidido com um período especialmente atribulado no escritório.

No dia anterior à formatura de Kim, Linda foi informada de que Jenny estava passando por complicações graves e teria de ser operada.

– Sou uma pessoa equilibrada, mas fiquei abalada com a situação.

Quando contou a John o que estava acontecendo, além de confortá-la com palavras de apoio e orações, ele se ofereceu imediatamente para ajudá-la. A primeira coisa que fez foi comprar uma passagem para ela poder estar com Jennie na hora da cirurgia e voltar à noite, a tempo para a formatura de Kim. E John ainda comprou outra passagem para que Linda retornasse à Califórnia para ficar ao lado de Jennie durante o período de recuperação.

– Quantos chefes você conhece que fariam uma coisa dessas? – perguntou Linda. – Era muito inconveniente para John abrir mão de mim naquela época, por conta da sua agenda cheia. Mas ele me tranqüilizou, dizendo: "Fique o tempo que for preciso e faça o que você tem de fazer." E falou sério, pois eu passei a semana inteira fora do escritório, e ele me deu muita força.

A generosidade é uma qualidade muito cativante. Quando você dá algo a uma pessoa – sem se preocupar em receber –, isso faz com que ela se sinta verdadeiramente especial.

John: Um momento de aconselhamento

O teólogo jesuíta Pierre Teilhard de Chardin disse: "A coisa mais gratificante da vida é ser capaz de dedicar uma grande parte de si mesmo ao próximo." Qualquer pessoa que já tenha ajudado alguém desinteressadamente sabe que isso é verdade. Porém, nem todos são capazes de adotar uma filosofia de dedicação permanente aos outros. Por que isso acontece? Em primeiro lugar, acredito que generosidade não tem nada a ver com dinheiro. Já conheci pessoas que não possuíam quase nada e estavam dispostas a dividir o pouco que tinham, enquanto outras bem de vida eram sovinas com seu tempo, seu dinheiro e seu talento.

É mesmo uma questão de atitude. Descobri que pessoas que gostam de dar sem se preocupar em receber geralmente manifestam duas características que qualquer um pode adotar:

1. Elas possuem uma mentalidade de abundância

Se você leu *Os 7 hábitos das pessoas altamente eficazes*, de Stephen Covey, está familiarizado com os conceitos relacionados às mentalidades de escassez e de abundância. Resumindo, as pessoas com uma mentalidade de escassez acreditam que, na vida, há um estoque limitado de tudo aquilo de que precisam, seja dinheiro, recursos, oportunidades e assim por diante. Vêem o mundo como uma torta com um número limitado de fatias. Quando as fatias acabam, acabam. Conseqüentemente, elas lutam para obter seu pedaço – e, quando conseguem, passam a protegê-lo com unhas e dentes.

As pessoas que possuem uma mentalidade de abundância acreditam que as coisas de que precisam existem em grande quantidade. Se a vida é uma torta e todos querem um pedaço, a solução, para esse tipo de pessoa, é colocar outra torta no forno. Sempre existem maneiras de se fazer dinheiro, mais (ou diferentes) recursos a ser descobertos, oportunidades extras a serem perseguidas. Uma solução antiga não está mais funcionando? Não se preocupe: alguém vai encontrar outra. Os inventores, empreendedores e exploradores do mundo estão sempre criando novas "tortas" para que todo mundo pegue um pedaço.

Meu palpite é que as pessoas costumam se enquadrar em uma destas duas categorias: sugadores e empreendedores. Sugadores são aqueles que pegam, agarram e consomem tudo o que podem para suprir suas próprias necessidades. Vêem a vida como uma corrida de ratos. Porém, o único problema é que, mesmo que você ganhe a corrida, continua sendo um rato. Empreendedores, por outro lado, são aqueles que dão, criam e fazem as coisas acontecerem. Geram progresso e possibilitam que os outros tenham sucesso. Eles dão e pegam na mesma medida, pois estão sempre ajudando a criar mais para todos.

As pessoas que têm o hábito de dar sem se preocupar em receber quase sempre possuem uma mentalidade de abundância. São generosas porque acreditam que, se derem o que têm, seus recursos não vão acabar. O pastor e ex-professor universitário Henri Nouwen afirmou certa vez: "Quando nos abstemos de dar ao próximo, assumindo uma mentalidade de escassez, o pouco que temos se torna menos ainda. Quando damos com generosidade, assumindo uma mentalidade de abundância, o que damos sempre se multiplica."

Eu descobri que isso é verdade. Há algum tempo um senhor me perguntou por que devemos adotar uma mentalidade de abundância e ficou surpreso com a resposta. Disse a ele que, se você acreditar na abundância, é isso o que a vida lhe dará. Mas, se acreditar na escassez, é isso o que vai receber. Não sei por que, mas depois de 50 anos prestando atenção nas atitudes das pessoas e observando como a vida se desenrolou para elas, sei que é verdade. Então, se quiser ser mais generoso, mude sua maneira de pensar e sua atitude em relação à abundância. Isso não só irá fazer com que você se torne mais generoso, como também vai mudar sua vida.

2. Elas têm uma visão abrangente

As pessoas que dão sem se preocupar em receber geralmente estão cientes da ajuda que *elas* receberam pela vida afora. Reconhecem que se apóiam nos ombros das gerações passadas. O progresso que alcançam deve-se, ao menos em parte, ao trabalho e ao sacrifício daqueles que partiram antes delas. Por conta disso, sentem-se determinadas a fazer pela próxima geração o que foi feito por elas.

Descobri um poema de W. A. Dromgoale chamado "O construtor de pontes", que ilustra lindamente o desejo de se dedicar ao próximo:

> Um velho andava por uma estrada erma,
> Quando chegou ao entardecer frio e nebuloso
> A um abismo imenso, profundo e tenebroso.
>
> O velho atravessou o abismo à luz crepuscular,
> Medo algum o rio que passava podia lhe causar;
> Mas quando do outro lado se viu seguro,
> Construiu uma ponte que cortasse o rio escuro.

"Velho", disse um viajante a passar,
"Não há motivo para construir uma ponte neste lugar,
Ao fim do dia estará terminada sua viagem,
Nunca mais voltará a cruzar essa paragem.
O abismo, imenso e longo, vi o senhor vencer,
Por que constrói esta ponte ao anoitecer?"

O construtor ergueu o crânio grisalho e antigo,
Disse: "Seguindo meus passos, bom amigo,
Virá algum outro dia
Um jovem cujos pés pisarão essa via.
O abismo que a mim não significou ameaça
Pode ser uma armadilha ao jovem desatento que passa.
Também ele terá de atravessá-lo à luz crepuscular –
Bom amigo, para ele esta ponte hei de levantar."[1]

Precisamos de uma perspectiva mais abrangente para podermos nos dedicar com afinco aos outros. Quando percebemos quanto nos beneficiamos da bondade de outras pessoas, fica mais fácil sermos generosos. E o melhor é que ajudar é gratificante. O reitor universitário e reformista educacional Horace Mann fez a seguinte observação: "Devemos ser conscientemente bondosos e generosos, senão perdemos a melhor parte da existência. O coração que deixa de ser egoísta se expande e se enche de alegria. Esse é o grande segredo da vida interior. Fazemos muito bem a nós mesmos quando fazemos algo pelo próximo." Quando damos sem pensar em receber, acabamos ganhando algo em retorno.

Les: Colocando em prática

Essa lição certamente se aplica nas minhas sessões de terapia com pacientes. E é sustentada por um bom número de pesquisas. Estudos demonstraram que, quanto mais prestativa for uma pessoa, maior será o bem-estar dela. Os pesquisadores chamam isso de "generatividade", e ela está muito ligada a um maior crescimento pessoal e até mesmo à saúde física.[2]

PARA APLICAR OS ENSINAMENTOS DE JOHN À SUA VIDA...

Pare:
De se concentrar na escassez; em vez disso, concentre-se na abundância.

Pergunte:
Que pessoa posso ajudar que não me dará nada em retorno?

Faça:
Seja conscientemente bondoso e generoso com uma pessoa específica.

Lembre-se:
Você faz muito bem a si mesmo quando faz algo pelo próximo.

22

APRENDA O NOME DO SEU VIZINHO

Lembre-se de que o nome de uma pessoa é, para ela, o som mais doce e mais importante que existe em qualquer língua.

DALE CARNEGIE

LES: APRESENTANDO O PRINCÍPIO

Quando era o pastor principal da Skyline Wesleyan Church em San Diego, John costumava memorizar os nomes das pessoas que iam à igreja. Ele fazia um desafio aos visitantes: se deixassem alguém fotografá-los depois do culto, prometia aprender seus nomes até o domingo seguinte. John fez isso até sua missão na igreja terminar em 1995. E cumpriu a promessa, gravando os nomes de mais de 2.200 pessoas e cumprimentando-as uma a uma.

No verão de 2004, a Skyline Church celebrou seu 15º aniversário, e John e Margaret ficaram felizes em participar da comemoração. John me contou que milhares de pessoas compareceram ao evento, muitas das quais ele não encontrava havia nove anos. Ao ver que todos usavam uma etiqueta com seu nome, John ficou aliviado.

– Porém, quando me aproximei de um casal – ele me contou –, o homem cobriu a etiqueta com a mão. Quando o chamei pelo nome, ele riu e disse: "Estava checando se você ainda tem boa memória."

– Isso não me surpreende – falei –, mas ainda me impressiona.

– Sabe – respondeu John –, aos 57 anos já não é tão fácil quanto antes, mas ainda consigo guardar nomes.

Há muito admiro essa abordagem pessoal usada por John. Na verdade, ela me inspirou a aprender os nomes de centenas de alunos nas minhas turmas da universidade. Por que fazemos isso? Porque sabemos que o nome de uma pessoa é seu letreiro para o mundo, seu bem mais íntimo e único. E, quando lembramos o nome de alguém, fazemos com que ele ou ela se sintam valiosos.

John: Um momento de aconselhamento

Em 1937, foi publicado o avô de todos os livros de relacionamentos interpessoais. Ele se tornou um sucesso imediato, chegando a vender mais de 15 milhões de exemplares. O livro era *Como fazer amigos e influenciar pessoas*, de Dale Carnegie. Seu diferencial estava na profunda compreensão de Carnegie sobre a natureza humana. Adoro suas palavras simples de sabedoria. Uma das coisas que aprendi com ele foi o seguinte: lembre-se do nome das pessoas e use-o. "Temos de estar cientes da *mágica* contida em um nome... O nome destaca a singularidade do indivíduo; faz com que ele se torne único na multidão. A informação que estamos transmitindo ou o pedido que estamos fazendo ganham uma importância especial quando abordamos a situação usando o nome do indivíduo. Da garçonete ao diretor executivo, o nome pode fazer milagres quando lidamos com as pessoas."

O que era verdade naquela época se aplica ainda mais no nosso mundo veloz. Hoje em dia, um número de conta bancária ou título substitui o nome da pessoa. Recordar nomes pode ajudá-lo a melhorar sua imagem pessoal, aprimorar seu estilo e – o que é mais importante – aumentar o impacto que você causa no próximo. Quando você se dedica a aprender o nome não só dos seus clientes e contatos importantes mas também das pessoas com as quais interage no seu cotidiano – como o do porteiro, do carteiro, do vizinho ou do dono da loja da esquina –, atinge um nível mais elevado de conectividade relacional.

Se quiser aprimorar sua habilidade com nomes, eis algumas sugestões:

Reconheça o valor de um nome

Como você se sente quando alguém troca seu nome? E quando você corrige educadamente a pessoa e, mesmo assim, ela insiste no erro? E quando um colega que você não vê há muito tempo ainda se lembra do seu nome? Isso não faz você se sentir bem? Não causa uma boa impressão? Quando uma pessoa se importa em aprender nosso nome, nos sentimos valorizados.

O dramaturgo William Shakespeare escreveu: "Um nome imaculado, para o homem e a mulher, é o principal tesouro da alma. – Quem a bolsa me furta, está levando uma ninharia; porém, quem do nome honrado me espolia, rouba algo que não o enriquece, mas me deixa paupérrimo."[1]

Use o método do Dr. Memória

Meu amigo Jerry Lucas é conhecido como "Dr. Memória". Ele passou os anos que se seguiram à sua bem-sucedida passagem pela NBA ajudando crianças e adultos a melhorarem suas memórias por meio de uma série de técnicas inovadoras. Uma delas é muito simples e eficaz:

1 – Diga o nome da pessoa três vezes durante a conversa.
2 – Faça uma pergunta sobre o nome (por exemplo, como se soletra) ou sobre a pessoa.
3 – Visualize a característica física ou de personalidade da pessoa que mais se destaca.
4 – Termine a conversa repetindo o nome.

Caso a memória falhe...

Quase todo mundo tem dificuldade de se lembrar de nomes em algumas ocasiões. Quando isso acontecer, tente recordar a situação em que conheceu a pessoa ou a última vez em que a viu. Se não conseguir se lembrar nem disso, pergunte: "Quanto tempo faz que não nos vemos?" Talvez isso reative sua memória.

Se estiver acompanhado na hora em que encontrar um velho conhecido, use a seguinte estratégia: apresente seu amigo ou parente à pessoa cujo nome você esqueceu e talvez ela mesma diga seu nome. Você pode combinar com seu marido ou sua esposa ou com um amigo com quem sai freqüentemente de se ajudarem nessas situações. Minha mulher e eu fazemos isso. Margaret sabe que, se eu não apresentar alguém pelo nome, é porque não me lembro dele. Então ela se apresenta e fica sabendo do nome da outra pessoa.

Quando tudo falhar, diga apenas: "Sinto muito. Lembro-me bem de você, mas, infelizmente, seu nome me fugiu." Então, quando a pessoa falar seu nome, use o método do Dr. Memória para reduzir a probabilidade de isso acontecer novamente.

Não fique se culpando se esquecer

Se você se dedicar, *vai* se lembrar dos nomes com mais facilidade. Porém, não se cobre demais quando tiver um lapso de memória. Foi o que aconteceu comigo recentemente quando encontrei um casal cujo sobrenome era Lago. Uma das coisas que faço ao aprender o nome de alguém é relacioná-lo a uma imagem mental. Quando fui apresentado aos dois, imediatamente os associei à imagem do lago Hargus, onde cresci. Alguns dias depois, quando os vi novamente, perguntei por engano: "Como estão vocês, Sr. e Sra. Hargus?" Às vezes, até mesmo nossas melhores técnicas nos deixam na mão!

Les: Colocando em prática

Não há necessidade de se recorrer a pesquisas para validar o que John está defendendo quando fala sobre o valor de guardar os nomes das pessoas. Porém, se você quiser saber se essa questão é sustentada por estudos científicos, posso lhe indicar uma montanha de pesquisas que demonstram exatamente como o temperamento e a auto-avaliação das pessoas melhoram significativamente quando os outros se lembram delas.[2] O valor de recordar os nomes das outras pessoas é inegável.

PARA APLICAR OS ENSINAMENTOS DE JOHN À SUA VIDA...

Pare:
De culpar sua "péssima" memória e faça algum esforço para se lembrar dos nomes das pessoas.

Pergunte:
O que você pode me dizer sobre a origem ou a maneira de pronunciar o seu nome?

Faça:
Utilize o método do Dr. Memória com todas as pessoas que você conhecer esta semana.

Lembre-se:
O nome de uma pessoa é um dos bens mais valiosos dela.

23

RESSALTE OS PONTOS FORTES DAS PESSOAS

Os elogios podem nos ajudar a compreender
não o que somos, mas o que deveríamos ser.
August W. Hare

Les: Apresentando o princípio

O número de pessoas de altíssimo nível que fazem parte da equipe de John sempre me impressiona. Ele parece estar cercado de estrelas. Quando perguntei qual era seu segredo, ouvi a seguinte explicação:

– Em primeiro lugar, sempre tento contratar os melhores líderes disponíveis. Se consigo trazer os nota 9 e 10, eles atraem os nota 8 e 9. Em segundo lugar, procuro colocar as pessoas nas áreas em que são mais eficientes.

– O.k. – eu disse –, vamos testar seus conhecimentos sobre sua equipe. Vou dizer um nome, e você me diz o ponto forte dessa pessoa.

– Tudo bem.

– Linda Eggers.

– A atenção de Linda para detalhes é fora de série. Ela organiza toda a minha vida. Mas seu ponto mais forte é a confiança que inspira nas pessoas. Quando alguém fala com Linda, sente como se tivesse falado comigo.

– Dan Reiland.

– A maior habilidade de Dan é liderar e desenvolver líderes em sua equipe. Na época da Skyline, ele era meu pastor-assistente. Liderava a equipe e cuidava dos assuntos cotidianos da igreja, enquanto eu viajava pelo país.

– Dan já tinha experiência quando começou a trabalhar para você? – perguntei.

– Não, ele era estagiário – explicou John. – Mas, à medida que fomos trabalhando juntos, percebi que Dan tinha uma visão global, era influente entre os colegas e possuía um talento especial para treinar as pessoas. Com o tempo, tive certeza de que ele seria meu braço direito.

No livro *Empresas feitas para vencer*, Jim Collins escreve sobre a importância de colocar as pessoas certas no ônibus e então se certificar de que todas estão nos lugares certos. Quando você sabe quais são os pontos fortes das pessoas, torna-se capaz de ajudá-las a assumir o melhor lugar para elas e para a organização. E isso é bom para todo mundo.

John: Um momento de aconselhamento

As pessoas geralmente cometem o erro de se concentrar demais nas próprias fraquezas. Conseqüentemente, elas dedicam todo o seu tempo a aprimorá-las, em vez de maximizar as forças que possuem. Da mesma forma, é um erro olhar apenas para os pontos fracos dos outros. Os auto-intitulados "especialistas" que não param de dizer o que há de errado com as pessoas *nunca* se saem bem nos seus relacionamentos. Quase todo mundo simplesmente os evita.

Em vez disso, precisamos nos dedicar a encontrar os pontos fortes das pessoas e destacá-los. Veja como:

Ressaltar os pontos fortes de uma pessoa destaca a singularidade dela

A maioria das pessoas possui pontos fortes mal aproveitados. Podem ser habilidades profissionais, conhecimentos, aptidões gerais, traços de personalidade e outros atributos. Li certa vez um dado interessante de uma pesquisa que apontava que cada pessoa pode fazer pelo menos uma coisa melhor do que outras 10 mil. Imagine só isso! Você possui um talento que talvez não possa ser igualado por ninguém na sua rua, no seu colégio ou na sua universidade ou mesmo na sua empresa.

Você já descobriu esse talento? Se sua resposta for sim, provavelmente está prestes a alcançar seu objetivo na vida. Mas, em caso negativo, não seria ótimo se alguém o ajudasse a identificá-lo? Aposto que você ficaria muito grato.

Por que não tentar ser esse tipo de pessoa na vida de alguém?

As pessoas se sentem motivadas nas áreas em que são mais eficientes

Fiquei impressionado com uma pesquisa realizada com trabalhadores americanos que revelou que quase 85% dos entrevistados poderiam se dedicar mais ao seu serviço. Mais da metade afirmou que era capaz de dobrar seu rendimento, se quisesse. Por que isso acontece? Porque poucas pessoas trabalham naquilo em que são mais eficientes. Você fica empolgado quando é escalado para um projeto numa área que não é o seu forte? Eu, com certeza, não fico.

Marcus Buckingham e Donald O. Clifton fizeram uma pesquisa extensa sobre essa questão. Se quiser saber mais sobre ela, sugiro que leia o livro *Now, Discover Your Strengths* (Agora, descubra seus pontos fortes). Porém, posso lhe garantir uma coisa: quando você trabalha nas áreas em que é bom, não necessita de muita motivação externa. Se uma pessoa que está numa função que explora seus pontos fracos passar a trabalhar em outra que explore seus pontos fortes, sua motivação, seu entusiasmo e sua produtividade vão aumentar imensamente.

As pessoas agregam mais valor quando estão em suas zonas de força

Sempre me perguntam qual é o segredo do meu sucesso. Respondo que acredito que ele se deve a três coisas: a Deus, às pessoas excelentes que me cercam e à capacidade que tenho de permanecer na minha zona de força. Levei os primeiros cinco anos da minha vida profissional para descobrir quais eram os meus pontos fortes. Porém, com o passar do tempo, fui me concentrando em um número cada vez menor de coisas.

A Lei do Nicho, presente no meu livro *As 17 incontestáveis leis do trabalho em equipe*, determina: "Todo mundo tem uma posição em que agrega mais valor." Essa é sua zona de força. Sou uma negação em inúmeros quesitos. Porém, faço quatro coisas muito bem: liderar, criar, comunicar e me relacionar com as pessoas. E, sempre que possível, busco atuar dentro da minha zona de força.

Como líder, tento ajudar meus colaboradores a descobrir suas zonas de força e procuro posicioná-los da melhor maneira possível. Uma pessoa de sucesso encontra o lugar certo para ela. Mas um líder de sucesso encontra o lugar certo para os outros. Como faço isso?

Em primeiro lugar, busco o melhor que as pessoas têm a oferecer. Qualquer um pode ver fraquezas, erros e deficiências nos outros. Essa não é uma habilidade singular. Ver apenas as coisas boas é mais difícil. O célebre jogador de beisebol Reggie Jackson disse certa vez: "Um grande líder tem o talento de fazer os jogadores se acharem melhores do que realmente são. Ele faz com que você tenha uma boa opinião sobre si mesmo. Deixa claro que confia em você. Ele o obriga a dar mais de si. E, quando você descobre como é bom, nunca se permite dar menos do que o seu melhor." Isso é verdade em qualquer área da vida: nos negócios, na educação dos filhos, no casamento e assim por diante. Não procure por falhas, imperfeições e defeitos nas pessoas. Procure o melhor que elas têm a oferecer.

Em segundo lugar, eu falo o que penso. Você pode ter alguém em alta conta, mas, se não lhe disser isso, não adiantará nada. Sempre acreditei que as pessoas têm uma "semente de sucesso" dentro delas. A maioria nunca a encontra; portanto, não consegue alcançar seu potencial. Sempre olho para as pessoas e penso: "Quais são suas sementes de sucesso?" Quando as descubro, busco fertilizá-las com incentivo e regá-las com oportunidades.

Les: Colocando em prática

Um dos mais revolucionários aspectos da pesquisa contemporânea na área da psicologia tem a ver com o que é chamado de "forças pessoais". Todos têm uma série de qualidades positivas que representam suas forças, porém, algumas delas são mais importantes e essenciais para a identidade do indivíduo. Estudos demonstram que, quando você consegue chamar a atenção das pessoas para essas qualidades, é muito mais provável que elas consigam colocá-las em uso e adotá-las como elementos-chave da sua identidade.[1]

PARA APLICAR OS ENSINAMENTOS DE JOHN À SUA VIDA...

Pare:
De buscar as fraquezas das pessoas.

Pergunte:
O que esse indivíduo faz excepcionalmente bem?

Faça:
Esta semana diga todo dia a pelo menos uma pessoa o ponto forte que você vê nela.

Lembre-se:
Todas as pessoas do mundo possuem as sementes para o sucesso.

24

ESCREVA BILHETES DE INCENTIVO

O poder das palavras é imenso. Muitas vezes, uma palavra bem escolhida bastou para parar um exército em campanha, transformar uma derrota em vitória e salvar um império.

Emile de Girardin

Les: Apresentando o princípio

Sempre gosto de visitar os gabinetes de grandes líderes. Aprende-se muito sobre as pessoas quando se vê onde elas trabalham. Estive recentemente no escritório que John montou na casa dele, o lugar onde passa mais tempo pensando, sonhando, escrevendo e criando. É impossível não notar, em meio aos seus pertences e objetos pessoais, uma impressionante coleção das obras do líder religioso inglês John Wesley, fundador do movimento metodista. Como estudioso de Wesley, fiquei intrigado.

– Qual o item mais valioso dessa coleção para você, John? – perguntei, apontando para uma prateleira de livros antigos.

– Uma carta assinada por John Wesley, com um *post-scriptum* do irmão dele, Charles – disse John, enquanto me levava para vê-la emoldurada e pendurada na parede.

– É uma carta importante? – perguntei, tentando decifrar os garranchos de Wesley.

– Foi escrita a um amigo, dando-lhe conselhos sobre paternidade. Guardo-a com carinho porque foi escrita à mão por Wesley e assinada por ele – disse John. – Mas, se você quiser saber sobre cartas *importantes* de Wesley, tem de ler a que ele escreveu para William Wilberforce, em 1791. Quando recebeu a mensagem de apoio, Wilberforce enfrentava uma das mais desanimadoras derrotas na sua tentativa de abolir o tráfico de escravos na Inglaterra. A carta, famosa hoje em dia, revelou-se uma fonte recorrente de força para o resto da vida de Wilberforce.

John procurou nos seus arquivos e encontrou o texto da carta de Wesley, lendo-o em voz alta:

> Londres, 26 de fevereiro de 1791
>
> Prezado senhor,
> A não ser que o poder divino o tenha criado [...] não vejo como o senhor pode dar continuidade ao seu glorioso empreendimento, contra aquela execrável torpeza que envergonha a religião, a Inglaterra e a natureza humana. A não ser que Deus o tenha criado para este propósito, o senhor será derrotado pela resistência de homens e demônios. Porém, "se Deus é por ti, quem será contra ti"? Serão eles todos mais fortes do que Deus? Ó, "não te canses de fazer o bem"! Adiante, em nome de Deus e de posse do poder Dele, até que mesmo a escravidão americana (a mais vil que já houve) seja erradicada.
>
> [...] que Aquele que o guiou desde a juventude continue a lhe dar forças nesta luta e em todas as demais coisas, é o que pede em suas preces,
>
> Seu mais dedicado servo,
> J. Wesley

– Quatro dias depois de escrever esta carta – contou John – Wesley morreu. E Wilberforce foi mais uma vez derrotado na votação no Parlamento. No fim, Wilberforce triunfou, mas, nos anos anteriores à vitória, ele foi difamado e enfrentou várias frustrações. Seus oponentes armaram para que ele fosse desafiado para um duelo e tentaram assassiná-lo. Ele se sentiu tentado a desistir mais de uma vez. Porém, sempre que ficava desmotivado, relia a carta de

Wesley. Todas as vezes que o fazia, era como a primeira vez. Ela nunca deixou de encorajá-lo e dar-lhe forças.

John acredita com toda a convicção no poder do incentivo da palavra escrita. No decorrer dos anos, ele me mandou diversos bilhetes encorajadores e ainda guardo muitos deles. Podem não ter o valor histórico da carta de Wesley para Wilberforce, mas têm um valor inestimável para mim.

John: Um momento de aconselhamento

Sou fanático por História e acho o caso de Wilberforce impressionante. Em 1806, depois de trabalhar incansavelmente por 20 anos, ele finalmente conseguiu aprovar um projeto de lei que abolia o tráfico de escravos. Vinte e oito anos depois, no dia 31 de julho de 1834, a escravidão foi proibida no Império Britânico, e cerca de 800 mil escravos foram libertos. Embora tenha morrido em 5 de agosto de 1833 sem ver seu sonho realizado, ninguém foi mais responsável pela abolição da escravatura no Império Britânico do que William Wilberforce.

Wilberforce morreu como um dos homens mais admirados da sua época e foi enterrado na abadia de Westminster. Ele dedicou toda a sua vida e carreira política a uma grande causa. Porém, talvez não tivesse triunfado, não fosse a carta de John Wesley.

Acredito firmemente no poder dos bilhetes de incentivo. Quando estava à frente da Skyline, pedi aos membros da minha equipe que reservassem algum tempo às segundas-feiras para escrever cartas a quem estivesse precisando de apoio. Uma palavra gentil escrita com o coração é sempre bem-vinda. Se você ainda não lançou mão dessa estratégia para cativar os outros, está na hora de tentar. Veja como:

Bilhetes de incentivo possuem um toque pessoal

Hoje em dia, nos comunicamos por telefone, bipe, celular, fax, e-mail e pela internet. No ritmo corrido das nossas vidas, quem tem tempo para se corresponder à moda antiga? No entanto, quanto mais inovadora a tecnologia, mais superficial se torna a comunicação. Esquecemos como aquele toque pessoal pode ser importante. Poucas coisas são melhores do que abrir uma caixa de correio e tirar uma carta de verdade, escrita por uma pessoa de carne e osso. Quando vemos os pensamentos de alguém que respeitamos escritos à mão, isso tem um significado especial. Demonstra que essa pessoa se importa conosco.

Bilhetes significam um investimento nos outros

No livro *The Power of Encouragement* (O poder do encorajamento), meu amigo David Jeremiah diz: "O incentivo escrito vem direto do coração, sem obstáculos ou inibições. É por isso que ele é tão poderoso."

O escritor do século XIX Walt Whitman batalhou por anos para que alguém se interessasse pela sua poesia, chegando a ficar desmotivado. Até que um dia recebeu um bilhete que dizia: "Prezado senhor, não ignoro o valor da maravilhosa dádiva que é *Folhas de relva*. Considero-o a mais extraordinária obra de engenho e sabedoria que a América já produziu. Eu o cumprimento no começo de uma grande carreira." A assinatura era de Ralph Waldo Emerson.

Não consigo deixar de pensar no que teria acontecido a Whitman se Emerson não tivesse lhe escrito essas palavras. O bilhete foi como uma brisa refrescante que o incentivou a continuar escrevendo. No entanto, você não precisa ser um escritor profissional para fazer a diferença na vida de alguém. O simples fato de dedicar um tempo para escrever algo já demonstra sua vontade de investir naquela pessoa.

Quem recebe um bilhete se lembra dele quando o autor já esqueceu o que escreveu

Há anos tenho o hábito de enviar cartas e mensagens, mas acabo esquecendo as coisas que escrevi. No entanto, às vezes, alguém que recebeu um bilhete meu tempos atrás vem mostrá-lo para mim dizendo como foi encorajador. Nesses momentos, me recordo do incentivo duradouro que a palavra escrita oferece.

Nunca se sabe quando algo que você escreveu para uma pessoa vai iluminá-la ou ampará-la. Em um dos livros da série *Histórias para aquecer o coração*, a irmã Helen Mrosla contou como uma tarefa improvisada em sala de aula se tornou fonte de incentivo para seus alunos ao longo da vida. Um dia, quando os meninos e meninas da sua turma de matemática estavam muito agitados, ela pediu que escrevessem sobre aquilo de que mais gostavam em seus colegas. Irmã Helen juntou os resultados no fim de semana e distribuiu as listas na segunda-feira.

Anos depois, quando um de seus alunos, Mark, foi morto no Vietnã, ela e vários ex-alunos compareceram ao funeral. O pai de Mark falou ao grupo que tinham encontrado um velho papel, dobrado, redobrado e colado com durex junto ao corpo do filho – o mesmo que ele recebera anos atrás da professora. Logo em seguida, Charlie, um dos colegas de turma de Mark, disse: "Eu guardo a minha lista na gaveta da escrivaninha até hoje." A mulher de Chuck falou: "Chuck colocou a dele no nosso álbum de casamento." Vicky pôs a mão no bolso e retirou sua lista esfrangalhada, mostrando-a para a professora e para os colegas. Cada um deles guardava com carinho as palavras de incentivo que havia recebido. Esse é o poder de algumas palavras simples.

Les: Colocando em prática

Talvez você relute em escrever bilhetes por achar que elogiar as pessoas verbalmente basta. Se for este o caso, você irá se surpreender com uma pesquisa recente sobre autenticidade que revelou que, quando uma palavra de incentivo é colocada no papel, ela é considerada mais sincera do que quando é falada.[1] Isso deixa bem claro o valor de escrever bilhetes de encorajamento.

PARA APLICAR OS ENSINAMENTOS DE JOHN À SUA VIDA...

Pare:
De querer escrever perfeitamente e se concentre em escrever com o coração.

Pergunte:
O que posso dizer para servir de incentivo agora e também em algum ponto do futuro?

Faça:
Reserve uma hora por dia para escrever vários bilhetes para as pessoas com o simples intuito de incentivá-las.

Lembre-se:
As palavras têm o poder de encorajar mesmo depois de esquecidas por quem as escreveu.

25

AJUDE AS PESSOAS A SER BEM-SUCEDIDAS

A melhor maneira de medir se eu tinha jogado bem era descobrir quanto tinha ajudado meus colegas de equipe a jogar melhor ainda.

BILL RUSSELL, O JOGADOR QUE MAIS VENCEU CAMPEONATOS DA NBA

LES: APRESENTANDO O PRINCÍPIO

Se já conheci alguém nesta vida que adora ver as pessoas ser bem-sucedidas, é John Maxwell. Esse é o motivo que o faz escrever livros e participar de seminários e conferências. Ele acredita que tem algo a oferecer que pode ajudar os outros a obter sucesso – não importa se é uma dica para a filha, um conselho para alguém em início de carreira ou qualquer outro tipo de incentivo.

Adoro uma história que já ouvi John contar inúmeras vezes e que retrata sua disposição de sempre incentivar os outros a lutar por seus objetivos mesmo quando há motivos de sobra para desistir da luta.

Eric, o sobrinho de John, tinha sete anos e ia participar do primeiro jogo da sua primeira temporada na liga infantil de beisebol. John e Margaret foram assistir à partida, e ele fez o possível para ajudar o sobrinho a se sair bem, como conta a seguir:

> Você tem de entender que Eric nunca tinha jogado beisebol na vida. Está intimidado, assustado, temeroso, apavorado. E o técnico acha que aquilo é a Série Mundial! Então, Eric vai até à base. O boné lhe co-

bre as orelhas, o uniforme é grande demais e ele mal consegue segurar o bastão. Está petrificado. E lá está ele, de frente para o lançador adversário, que é sempre o garoto maior. O nome dele é Butch; está mascando um bolo de chiclete e tem a cara cheia de penugem.

Eric meio que abraça o bastão, fecha os olhos e reza. Então a bola vem fazendo zum! *Strike*. Zum! *Strike* dois. Zum! *Strike* três. Assim, num piscar de olhos. Quando o juiz diz: "Você está fora", Eric parece feliz em ainda estar vivo.

À medida que se encaminha para o banco, a torcida grita com ele, e o técnico se esgoela. E eu fico lá sentado pensando: *Este é o meu sobrinho e ele está apavorado.* Desço até onde Eric está e digo:

– Meu querido, não sei o que lhe falaram sobre beisebol, mas deixe seu tio John ensinar uma coisa para você. Beisebol é um jogo muito simples.

Ele pergunta:

– O que você quer dizer?

– Você só precisa fazer uma coisa. Quando for sua vez de novo, sempre que Butch arremessar a bola, você gira o bastão. É só isso. Butch arremessa a bola; você gira o bastão.

Ele olha para mim e diz:

– É só isso?

– Só. Nem se preocupe em acertar a bola. Simplesmente gire o bastão.

E, de repente, um sorriso surge no rosto dele.

– Isso eu sei fazer.

– É claro que sabe! Vai fundo, garoto!

Na próxima vez que Eric vai para a base, Butch arremessa a bola e Eric gira o bastão. Erra feio. Na verdade, gira o bastão tão atrasado que a bola já estava na luva do pegador. Começo a bater palmas e digo:

– Belo giro, Eric, belo giro. Esse é o meu garoto! Sempre que Butch arremessar a bola, gire o bastão.

Butch arremessa a bola; Eric gira o bastão. Butch arremessa a bola; Eric erra novamente. E, na terceira vez, Eric erra, mas não tão feio assim. Fico de pé e começo a gritar:

– Eric McCullogh, essa foi a melhor jogada que já vi na vida. Muito bem!

Nessa hora, o técnico vira para a arquibancada e me olha de cara feia. E os pais dos outros garotos também não estão muito felizes. Margaret diz:

– Querido, vou ler um livro no carro.

Mas eu não ligo, pois Eric está sorrindo.

Agora, para ser franco, não achava que Eric conseguiria uma rebatida naquele jogo. Além do mais, na liga infantil, não existem rebatidas. Se acontece algum tipo de contato, não é o bastão que atinge a bola; é a bola que atinge o bastão. E só sei de uma coisa: quando a bola atinge o bastão, ela não tem de ir longe; tem de ser válida. E, na liga infantil, se a bola cai em algum lugar entre a primeira e terceira bases, você não pára de correr.

Bem, não achei que isso fosse acontecer, mas aconteceu. Na terceira vez que vai para a base, Butcher joga a bola, Eric gira o bastão, a bola atinge o bastão. Não foi um petardo até o *centerfield*; foi um golpe surdo. Assim que noto que a bola era válida, saio das arquibancadas e vou correndo paralelo à linha da primeira base, dizendo:

– Eric, continue correndo, continue correndo!

Quando Eric passa pela primeira base, cruzo o campo o mais rápido possível. Chego à terceira base e digo:

– Venha, Eric! Venha, Eric!

Eric contorna a terceira base e juntos deslizamos para a base principal. Ele se levanta e limpa o uniforme, eu me levanto e limpo o terno; e, enquanto saímos do campo, olho para o técnico e apenas sorrio.

Naquele dia, fomos para a casa de Eric. Os pais dele não puderam ver o jogo porque tinham de trabalhar, mas nós o encenamos para eles. Eu fiquei no meio da sala de estar e fingi ser Butch, e Eric ficou perto do banco do piano, que era a base principal. Arremessei, ele acertou a bola. Demos a volta nas bases, e Eric deslizou para baixo do banco. Todos ficamos de pé e o ovacionamos. Aquele dia foi o começo da carreira de Eric na liga infantil de beisebol.

Hoje em dia, Eric já é adulto. Mas na época em que ele estava para se formar no ensino médio, veio me visitar e disse:

– Tio John, tenho uma ótima notícia. Lembra o meu primeiro jogo na liga infantil de beisebol?

– Claro que sim – falei.

– Eu nunca me esqueci daquele dia – disse Eric. – E queria contar que este ano vou entrar para a faculdade porque ganhei uma bolsa para jogadores de beisebol.

Você não precisa ser rico, famoso ou talentoso para ajudar as pessoas a se saírem bem. Tudo o que precisa é se importar com elas e fazer o seu melhor para ajudá-las. E lembre-se disso: se for capaz de ajudar alguém a ser bem-sucedido, vai ter um amigo para toda a vida.

John: Um momento de aconselhamento

Ajudar o próximo a vencer é uma das melhores sensações do mundo. Nunca encontrei uma só pessoa que não goste do sabor da vitória. E todos que conheço que se esforçaram para que os outros alcançassem seus objetivos disseram que se sentiram recompensados. Como afirmou o poeta Ralph Waldo Emerson: "O fato de que nenhum homem pode tentar ajudar sinceramente outro sem ajudar a si mesmo é uma das mais belas compensações da vida."

Se quiser ajudar as pessoas a ser bem-sucedidas, siga os seguintes passos:

Acredite nas pessoas

Depois de uma conferência em Toledo, um homem me fez uma pergunta contundente:

– O que devo fazer para que uma pessoa obtenha resultados extraordinários?

– Tenha expectativas extraordinárias em relação a ela – foi minha resposta.

Se você não acreditar no outro, dificilmente fará tudo ao seu alcance para ajudá-lo a ser bem-sucedido. Todos nós sabemos quando alguém não acredita em nosso potencial. Percebemos logo quando o encorajamento não é sincero. Porém, quando sentimos que alguém confia em nós, a mágica começa a surgir. O que o escritor John Spalding disse é verdade: "Aqueles que acreditam na nossa habilidade fazem mais do que nos motivar, criam uma atmosfera na qual se torna mais fácil alcançar o sucesso."

Dê esperança às pessoas

Um jornalista perguntou ao primeiro-ministro Winston Churchill, que liderou a Inglaterra durante os momentos sombrios da

Segunda Guerra Mundial, qual era a maior arma que o país possuía contra o regime nazista de Hitler. Sem titubear, Churchill respondeu: "A maior arma que a Inglaterra sempre possuiu – a esperança."

Esperança é uma das palavras mais poderosas e incentivadoras que existem. É o que nos dá energia para seguir adiante nas horas mais difíceis. E essa energia nos enche de entusiasmo e expectativa quando olhamos para o futuro.

Dizem que uma pessoa pode viver 40 dias sem comida, quatro dias sem água, quatro minutos sem ar, mas apenas quatro segundos sem esperança. Se quiser ajudar os outros a alcançar seus objetivos, torne-se um fornecedor de esperança.

Concentre-se no processo e não apenas na vitória

Muitos de nós desejamos tanto a vitória que nos esquecemos do que é necessário para chegar lá. Somos como aquela criança que joga xadrez com o avô e, quando perde, diz:

– Ah, não! De novo, não! Vovô, você sempre ganha.

– O que quer que eu faça, que perca de propósito? – responde o velho. – Você não vai aprender nada se eu fizer isso.

– Não quero aprender nada – diz o menino. – Só quero vencer!

É assim que nos sentimos muitas vezes. Mas, sejamos honestos, quais conquistas são mais satisfatórias: as fáceis ou aquelas que dão mais trabalho? Quando você quiser estimular alguém, não lhe dê a vitória de bandeja, mesmo se puder fazer isso. Ajude essa pessoa a vencer por conta própria. Se ficar ao lado dela durante o processo, não estará simplesmente lhe propiciando a vitória, mas também os meios para que possa repeti-la no futuro. Ela poderá vencer muitas e muitas vezes. E a única coisa melhor do que uma vitória é um montão delas.

Entenda que você também sai ganhando quando ajuda os outros a ser bem-sucedidos

Em 1984, Lou Whittaker liderou a primeira equipe apenas de americanos até o topo do monte Everest. Depois de meses de esforços extenuantes, cinco membros alcançaram o último local de acampamento, a 8.230 metros de altitude. A cerca de 600 metros do pico, eles se reuniram em uma tenda abarrotada. Whittaker tinha de tomar uma decisão difícil: ele sabia como os cinco alpinistas estavam motivados para chegar ao ponto mais alto da Terra. Porém, dois teriam de voltar ao acampamento anterior, pegar comida, água e oxigênio e então retornar ao local onde eles estavam reunidos. Depois dessa tarefa, esses dois não teriam condições de subir até o topo. Os demais ficariam na tenda bebendo água, respirando oxigênio e descansando – enfim, preparando-se para a escalada do dia seguinte.

A primeira decisão que Whittaker tomou foi a de ficar no acampamento a 8.230 metros para coordenar as atividades da equipe. A segunda foi enviar dois dos alpinistas mais fortes para pegarem os mantimentos – era a tarefa mais difícil. Os dois mais fracos iriam recobrar suas forças e alcançar a glória de chegar ao pico do Everest.

Quando perguntaram por que ele não escolheu a si mesmo para a escalada final, Whittaker deu uma resposta que demonstra a força da sua liderança: "Meu trabalho era fazer com que as outras pessoas chegassem ao topo."

Lou Whittaker compreendeu que, quando alguém toma a decisão que leva o grupo a alcançar seu objetivo, todos saem ganhando. É impossível perder quando você ajuda os outros a conquistar a vitória.

Les: Colocando em prática

Quando olho para trás, lembro-me de muita gente que me ajudou a vencer. O diretor do departamento de psicologia da minha faculdade aguçou minha perspectiva para a pós-graduação. Mostrou-me quais caminhos seguir e como alcançar o sucesso. Meu amigo George me incentivou a apresentar um programa de rádio. Janice, minha assessora de imprensa, sempre faz o possível para que eu consiga uma boa exposição para divulgar meus livros. Kevin, outro amigo, me mostrou como criar uma declaração de missão expressiva para a minha vida. John, é claro, ajudou-me a ser bem-sucedido na minha carreira de várias maneiras. Todo mundo adora vencer. E ninguém consegue isso sem ajuda.

Há mais de três décadas, uma pesquisa examinou os tipos de pessoas que se relacionam bem com os outros. Duzentos e sessenta e oito estudantes do segundo ano da Universidade de Harvard foram escolhidos e acompanhados por 40 anos. Uma das descobertas foi que os homens que eram emocionalmente saudáveis reconheciam que a felicidade não significava a total ausência de problemas e sim a sabedoria de escolher como reagir a eles. Em outras palavras, esses homens se consideravam bem-sucedidos e ajudavam os outros a obter sucesso a despeito das circunstâncias. Não é de surpreender que tivessem relacionamentos muito mais significativos.[1]

PARA APLICAR OS ENSINAMENTOS DE JOHN À SUA VIDA...

Pare:
De ver a vida como uma competição em que você tem de derrotar todas as outras pessoas para vencer.

Pergunte:
Quem eu mais gostaria de ajudar a ser bem-sucedido e como posso fazer isso?

Faça:
Trace um plano. Mapeie o trajeto que vocês vão fazer juntos no caminho para o sucesso.

Lembre-se:
Quando ajuda alguém a ser bem-sucedido, você faz um amigo para toda a vida.

UMA ÚLTIMA PALAVRA DE JOHN

Durante toda a minha vida, acreditei que qualquer um pode aprender a cativar e valorizar as pessoas. Basta acreditar nelas e ter um desejo sincero de ajudá-las. Espero que, depois de ler este livro, você acredite nisso também. E que coloque em prática os princípios que Les e eu tentamos ensinar. Se já testou algumas das estratégias apresentadas aqui, talvez tenha descoberto que elas funcionam de verdade.

Se quiser dominar todas elas, sugiro que proceda da seguinte maneira: inicie um programa de 12 semanas para valorizar as pessoas. Depois de começar por você mesmo, escolha dois princípios e tente aplicá-los diariamente durante uma semana inteira. Se fizer isso, você vai passar por um processo em que irá:

1. Compreender como as estratégias para estabelecer bons relacionamentos funcionam.
2. Aprender os elementos básicos de como colocá-las em prática.
3. Praticá-las até que consiga dominá-las.
4. Fazer delas um hábito.

Talvez você não se sinta imediatamente confortável ao implementar algumas dessas técnicas, mas todas podem ser aprendidas. E, é claro, não deixe de acrescentar outras práticas que descobrir sozinho ou por meio de amigos ou parentes. Nunca é demais aprender mais uma maneira de cativar e valorizar as pessoas.

Que você tenha sucesso ao ajudar os outros a ser bem-sucedidos!

NOTAS

CAPÍTULO 1

1 James Patterson e Peter Kim, *The Day America Told the Truth* (O dia em que a América disse a verdade). East Rutherford, NJ: Prentice Hall Press, 1991.

CAPÍTULO 2

1 Wes Smith, *Hope Meadows: Real-Life Stories of Healing and Caring from an Inspiring Community* (Campos da esperança: Histórias reais sobre cura e cuidado de uma comunidade inspiradora). Nova York: Berkley, 2001.

CAPÍTULO 3

1 J. G. Nicholls, "Creativity in the person who will never produce anything original and useful: The concept of creativity as a normally distributed trait", *American Psychologist*, 27 (8), 1972, 717-27.

CAPÍTULO 6

1 James C. Humes, *The Wit and Wisdom of Winston Churchill (A sagacidade e a sabedoria de Winston Churchill)*. Nova York: Harper Perennial, 1994, 119-20.

2 *Gênesis* 17:5.

3 *Gênesis* 32:28.

4 Howard Gardner, *Mentes que criam: uma anatomia da criatividade observada através das vidas de Freud, Einstein, Picasso, Stravinsky, Eliot, Graham e Gandhi.* Porto Alegre: Artes Médicas, 1996.

CAPÍTULO 7

1 *Provérbios* 25:11.

2 James Kouzes e Barry Posner, *Encouraging the Heart: A Leader's Guide to Rewarding and Recognizing Others* (Incentivando o coração: Um guia de um líder para recompensar e reconhecer os outros). São Francisco: Jossey-Bass Publishers, 1999.

3 H. S. Leonard, "The many faces of character", *Consulting Psychology Journal*, 49 (4), 235-45.

CAPÍTULO 10

1 M. E. McCullough e C. R. Snyder, "Classical source of human strength: Revisiting an old home and building a new one", *Journal of Social and Clinical Psychology*, 19 (1), 2000, 1-10.

CAPÍTULO 11

1 G. E. Vaillant "Adaptive mental mechanisms: Their role in a positive psychology", *American Psychologist*, 55 (1), 2000, 89-98.

CAPÍTULO 12

1 *João 8.*

2 E. E. Werner, "Resilience in development", *Current Directions in Psychological Science*, 4 (3), 1995, 81-85.

CAPÍTULO 13

1 D. A. Kramer, "Wisdom as a classical source of human strength: Conceptualization and empirical inquiry", *Journal of Social and Clinical Psychology*, 19 (1), 2000, 83-101.

CAPÍTULO 14

1 R. M. Ryan e E. L. Deci, "Self-determination theory and the facilitation of intrinsic motivation, social development and well-being", *American Psychologist*, 55 (1), 2000, 68-78.

CAPÍTULO 15

1 J. W. MacDevitt, "Therapist's personal therapy and professional self-awareness", *Psychotherapy*, 24, 1987, 693-703.

CAPÍTULO 16

1 Les Parrott, *Counseling and Psychotherapy* (Aconselhamento e psicoterapia), 2 ed., Pacific Grove, CA: Brooks/Cole/Thomson Learning, 2003.

CAPÍTULO 17

1 "Walking the Mile: A Behind-the-Scenes Documentary" (*making of* do filme *À espera de um milagre*), Warner Home Video: 1999.

2 Belden Lane, "Rabbinical Stories", *Christian Century*, 98:41. 16 de dezembro de 1981.

3 Ken Sutterfield. *The Power of an Encouraging Word* (O poder das palavras incentivdoras). Green Forest, AR: New Leaf, 1997.

4 J. J. Campos e K. C. Barret, "Towards a new understanding of emotions and their development". In: *Emotions Cognition, and Behavior*. C. Izard, J. Kagan, & R. Zajonc (eds.), Nova York: Cambridge University Press, 1988.

CAPÍTULO 19

1 D. P. McAdams, A. Diamond, E. de St. Aubin, e E. Mansfield, "Stories of commitment: The psychosocial construction of generative lives", *Journal of Personality and Social Psychology*, 72 (3), 1997, 678-94.

CAPÍTULO 20

1 I. K. Sheldon, R. M. Ryan, L. J. Rawsthorne e B. Ilardi, "Trait self and true self: Cross-role variation in the big-five personality traits and its relations with psychological authenticity and subjective well-being", *Journal of Personality and Social Psychology*, 73, 1997, 1380-93.

CAPÍTULO 21

1 Fonte desconhecida.

2 D. P. McAdams e E. de St. Aubin (ed.). *Generativity and Adult Development: How and Why We Care for the Next Generation* (Geratividade e desenvolvimento do adulto: Como e por que nós cuidamos da próxima geração). Washington, DC: APA Books, 1998.

CAPÍTULO 22

1 *Otelo*, Ato III, Cena 3.

2, J. D. Brown. & T. A. Mankowski, "Self-esteem, mood and self-evaluation: Changes in mood and the way you see you", *Journal of Personality and Social Psychology*, 64, 1993, 421.

CAPÍTULO 23

1 M. E. P. Seligman e M. Csikszentmihalyi, "Positive psychology: An introduction", *American Psychologist*, 55 (1), 2000, 5-14.

CAPÍTULO 24

1 S. Harter, "Authenticity". In: *Handbook of Positive Psychology*. C. R. Snyder e S. J. Lopez (eds.). Nova York: Oxford University Press, 2002, 382-94.

CAPÍTULO 25

1 George E. Vaillant, *Adaptation to Life* (Adaptação à vida). Boston: Little Brown, 1997.

SOBRE OS AUTORES

John C. Maxwell, grande especialista em liderança, dá palestras ao vivo para milhares de pessoas todos os anos. Ele já transmitiu seus princípios para empresas da *Fortune 500*, organizações internacionais de marketing, a Academia Militar de West Point, a liga universitária esportiva dos Estados Unidos (NCAA) e ligas profissionais como a NFL (National Football League). Maxwell é fundador de diversas empresas dedicadas a ajudar pessoas a alcançar seu potencial pessoal e de liderança. Dedica boa parte de seu tempo a treinar líderes de todo o mundo por intermédio da EQUIP, uma organização sem fins lucrativos. Autor de sucesso, Maxwell escreveu mais de 30 livros, entre eles, *As 21 irrefutáveis leis da liderança*, que vendeu mais de um milhão de exemplares.

Les Parrott, Ph.D., é fundador do Centro para Desenvolvimento de Relacionamentos no campus da Seattle Pacific University e autor dos best-sellers *High-Maintenance Relationships*, *The Control Freak*, *Shoulda Coulda Woulda* e *Love Talk*. Dr. Parrott é um palestrante requisitado para as empresas da *Fortune 500* e dá seminários sobre relacionamentos em toda a América do Norte.

Ele fala anualmente para uma grande variedade de platéias, compostas por atletas profissionais, agências do governo, equipes militares e líderes do mundo dos negócios. Também apresenta o programa de rádio "Love Talk". Dr. Parrott teve destaque nos jornais *USA Today*, *Wall Street Journal* e *New York Times*. Na tevê, já esteve na CNN e participou dos programas *The View*, *The O'Reilly Factor*, *Good Morning America* e *Oprah*.

Para mais informações sobre sua disponibilidade para palestras e outros serviços, visite o site www.RealRelationships.com.

CONHEÇA OUTROS TÍTULOS DA EDITORA SEXTANTE

Desenvolva a sua inteligência emocional
Travis Bradberry e Jean Greaves

Para os psicólogos Travis Bradberry e Jean Greaves, as pessoas confundem inteligência emocional com carisma ou traquejo social e não sabem que é possível aperfeiçoar seu quociente emocional (Q.E.). Em suma, acredita-se que ou bem você tem Q.E. ou não.

Esta é a razão pela qual esse livro é tão útil. Ele se baseia numa pesquisa realizada com mais de 500 mil pessoas e oferece valiosas dicas para que possamos compreender as emoções, tanto as nossas como as dos outros.

O poder da amizade
Tom Rath

Coordenador de pesquisas do Instituto Gallup, Tom Rath resolveu estudar o impacto das amizades em nossas vidas. Nesse livro, ele mostra que, além de aumentar nossa satisfação com a vida, os amigos melhoram nossa saúde, curam a depressão e têm um papel fundamental nos períodos de estresse, funcionando como amortecedores.

O poder da amizade nos leva a refletir sobre a contribuição única que cada pessoa nos traz, em vez de nos concentrarmos no que o outro não pode nos dar. Rath criou uma classificação para nos ajudar a identificar os papéis que os amigos desempenham em nossas vidas e, assim, fortalecer nossas relações pessoais e profissionais.

Como conquistar as pessoas
Allan e Barbara Pease

Algumas pessoas parecem ter o dom natural de puxar conversa com estranhos e fazer amigos facilmente. Segundo Allan e Barbara Pease, especialistas em relacionamentos e linguagem corporal, o "carisma" dessas pessoas é uma qualidade que pode ser adquirida e aprimorada quando se tem acesso às informações certas.

São essas informações que eles reuniram nesse livro de forma objetiva e bem-humorada. Dividido em pequenos capítulos, ele ensina técnicas para você ganhar a simpatia das pessoas logo no primeiro encontro.

Desvendando os segredos da linguagem corporal
Allan e Barbara Pease

Um gesto vale mais do que mil palavras. Provavelmente você já ouviu esta frase, mas talvez não tenha se dado conta de quanto ela é verdadeira. Nesse livro, Allan e Barbara Pease esclarecem que 93% da comunicação humana é feita através de expressões faciais e movimentos do corpo.

Quando aprendemos a prestar atenção em nossa linguagem corporal e a interpretar corretamente a dos outros, passamos a ter maior controle sobre as situações, pois podemos identificar sinais de abertura, de tédio, de atração ou de rivalidade e agir de forma adequada aos nossos objetivos.

CONHEÇA OS 30 CLÁSSICOS DA EDITORA SEXTANTE

- *O Código Da Vinci*, *Anjos e Demônios* e *Fortaleza Digital*, de Dan Brown
- *Pais brilhantes, professores fascinantes*, *Nunca desista de seus sonhos* e *Você é insubstituível*, de Augusto Cury
- *O monge e o executivo*, de James C. Hunter
- *Um dia "daqueles"*, *O sentido da vida* e *Querida mamãe, obrigado por tudo*, de Bradley Trevor Greive
- *Por que os homens fazem sexo e as mulheres fazem amor?*, de Allan e Barbara Pease
- *Os 100 segredos das pessoas felizes* e *Os 100 segredos das pessoas de sucesso*, de David Niven
- *Enquanto o amor não vem*, de Iyanla Vanzant
- *A última grande lição* e *As cinco pessoas que você encontra no céu*, de Mitch Albom
- *A Dieta de South Beach*, de Arthur Agatston
- *O ócio criativo*, de Domenico De Masi
- *Não leve a vida tão a sério*, de Hugh Prather
- *O Poder do Agora*, de Eckhart Tolle
- *A vida é bela*, de Dominique Glocheux
- *Palavras de sabedoria* e *O caminho da tranqüilidade*, de Sua Santidade, o Dalai-Lama
- *Muitas vidas, muitos mestres* e *Só o amor é real*, de Brian Weiss
- *Histórias para aquecer o coração*, de Jack Canfield e Mark V. Hansen
- *Conversando com os espíritos*, de James Van Praagh
- *Aprendendo a gostar de si mesmo*, de Louise Hay
- *Mantenha o seu cérebro vivo*, de Lawrence Katz e Manning Rubin
- *Aprendendo a silenciar a mente*, de Osho

Informações sobre os próximos lançamentos

Para receber informações sobre os lançamentos da EDITORA SEXTANTE, basta cadastrar-se diretamente no site www.sextante.com.br

Para saber mais sobre nossos títulos e autores, e enviar seus comentários sobre este livro, visite o nosso site www.sextante.com.br ou mande um e-mail para atendimento@esextante.com.br

EDITORA SEXTANTE
Rua Voluntários da Pátria, 45 / 1.404 – Botafogo
Rio de Janeiro – RJ – 22270-000 – Brasil
Telefone (21) 2286-9944 – Fax (21) 2286-9244
E-mail: atendimento@esextante.com.br